BRIEFE DER VERTEIDIGUNG

Frühchristliche Werke

Vorwort des Herausgebers

Das zweite Jahrhundert war eine große Herausforderung für das junge Christentum. Die Apostel, die bisher für die gesunde Lehre und Ordnung in den Gemeinden sorgten, waren alle tot, falsche Apostel waren am Vormarsch und die Christenverfolgung nahm im ganzen Römischen Imperium Fahrt auf. Christen wurden mit brutaler Staatsgewalt misshandelt und mussten für Gräueltaten bezahlen, die ihre Ankläger begingen. Es wurden Lügen über die christliche Religion verbreitet und Hass gegen Christen geschürt. Vor Gericht konnten sie sich nicht verteidigen, sondern wurden meist nur gefragt, ob sie Christen seien und – wenn sie das bejahten – zu Tode verurteilt und hingerichtet. Diese Ungerechtigkeiten riefen die ersten Apologeten auf den Plan. Sie schrieben Briefe an die römische Obrigkeit und das Volk um sich zu verteidigen und Gerechtigkeit zu fordern. Die frühesten drei Verteidigungsbriefe bringen wir in diesem Buch. Eine vierte Apologie (Verteidigungsschrift) des 2.Jh. brachten wir bereits in einem anderen Buch heraus: Minucius Felix, Dialog Octavius (s. Buchempfehlung im Anhang).

Frühchristliche Apologien enthalten viele Namen der römischen und griechischen Mythologie und Geschichte. Deswegen haben wir dem Minucius Felix ein Lexikon beigefügt. Es kann auch Lesern hier hilfreich sein. Außerdem wollen wir ein noch ausführlicheres Lexikon auf unserer Website einrichten, so der Herr will und wir die Ressourcen dafür erhalten.

Bei der Einteilung der Kapitel folgen wir der BKV. Die Überschriften, die in den Handschriften nicht vorkommen, sondern jeder Übersetzer formuliert wie er will (das gilt übrigens auch für alle Bücher in der Bibel), haben wir überarbeitet, ebenso sämtliche Fußnoten, wobei wir viele neue hinzufügten, um unseren Lesern den Zugang zu Sprache, Gedankengut und Zeitgeschichte von damals verständlich zu machen. Wir hoffen, diese Arbeit ist uns gelungen und unser Aufwand ist vielen anderen nützlich.

Michael Eichhorn, Hermagor, September 2023

Des MATHETES
Brief an Diognet

JUSTIN DER MÄRTYRER
Erste Apologie
Zweite Apologie

Bibliografie:

Epistula ad Diognetum, Brief an Diognet

Apologia (prima) Erste Apologie

Apologia (secunda) Zweite Apologie

Aus dem Griechischen übersetzt von Dr. Gerhard Rauschen. Erschienen in: Frühchristliche Apologeten und Märtyrerakten Band I. (Bibliothek der Kirchenväter, 1. Reihe, Band 12) München 1913, 65-138, 139-155, 161-173. Unter der Mitarbeit von: Rudolf Heumann und Jürgen Voos.

Revidiert von Michael Eichhorn mit den ANTE-NICENE FATHERS, Volume 1 The Apostolic Fathers, Justin Martyr, Irenaeus Edited by Alexander Roberts, D.D. & James Donaldson, LL.D. revised and chronologically arranged, with brief prefaces and occasional notes by A. Cleveland Coxe, D.D. June 1995, originally published in the United States by the Christian Literature Publishing Company, 1885 (Englisch).

Alle online frei zur Verfügung gestellt von der Universität Freiburg unter https://bkv.unifr.ch/de

Überarbeitet, ergänzt und herausgegeben von Michael Eichhorn 2023, Neudorf 25, 9620 Hermagor. nachricht@dlda.info

Herstellung und Verlag: BoD – Books on Demand, Norderstedt

ISBN: 9783757881047

Bibliografische Information der Deutschen Nationalbibliothek: Die Deutsche Nationalbibliothek verzeichnet diese Publikation in der Deutschen Nationalbibliografie; detaillierte bibliografische Daten sind im Internet über dnb.dnb.de abrufbar.

Die Lehre der Apostel
www.dieLehrederApostel.info
Christliche Gemeinschaft Hermagor
auf dem Weg der frühen Christen
nachricht@dlda.info

Inhaltsverzeichnis

Zweite Apologie　　142

Anhang 167

Die Zählung der Psalmen erfolgt in diesem Buch nach der Septuaginta. Warum? Siehe Erklärung im Anhang!

Sprache und Rechtschreibung haben wir nur behutsam der modernen angepasst, um den Charme der alten Texte zu bewahren. Neue Fußnoten folgen in der Regel der neuen Schreibung.

Mathetes
Brief an Diognet

Von diesem kostbaren Brief kennen wir heute weder den Autor noch den Empfänger. Das Wissen darüber ging verloren. Einziger Anhaltspunkt ist der Brief selbst. Darin nennt sich der Autor „ein Jünger der Apostel"[1] - das letzte Wort dieser Phrase lautet in Griechisch „mathetes". Darum nennen ihn die ANF kurzerhand „Mathetes". Eine pragmatische-nette Idee, die sich in der Patristik durchsetzte und die wir gerne übernehmen.

Hinsichtlich des Empfängers gibt es Spekulationen darüber, ob es Diognetus, der Privatlehrer von Kaiser Marcus Aurelius, gewesen sein kann.[2] Es war in jedem Fall ein gebildeter Mann, der Griechischen Religion zugetan. Das ergibt sich aus dem Brief. Ebenso wie das rege Interesse Diognets an der Religion der Christen, der Anlass des Briefes (s. Kapitel I).

Der Umstand, dass das Christentum als neu bezeichnet wird (Kap. I, II, IX), deutet darauf hin, dass der Brief früher geschrieben wurde als allgemein angenommen. Auch dessen Strahlkraft und Wortwahl deutet auf einen Apostelschüler im buchstäblichen Sinn und würde ihn ins erste oder frühe zweite Jahrhundert versetzen. Er ist voll des paulinischen Geistes und verströmt denselben reinen, ursprünglichen Duft, der für Klemens charakteristisch ist. Ein Hinweis, dass Mathetes ein Schüler des Apostel Paulus oder wenigstens von Klemens war. Es spricht wenig dagegen und erklärt, warum er bei den ANF unmittelbar nach dem 1. Klemensbrief steht. Wurde er aber zur Zeit von Kaiser Marcus Aurelius geschrieben, wäre er etwa Mitte des 2. Jh. zu datieren. In beiden Fällen ist er die früheste Apologie, noch vor Justins Apologien. Und genau dort haben wir ihn eingereiht.

---

1 ἀποστόλων γενόμενος μαθητής (apostolon genomenos mathetes), K. XI.
2 Interessante Spekulationen dazu finden sich in Bunsens „Hippolytus and his Age", Bd. I. S. 188.

I
Anlass und Inhalt des Briefes

Du hast, wie ich sehe, mein vortrefflichster Diognet, einen ungewöhnlichen Eifer, die Religion der Christen kennen zu lernen, und erkundigst dich über sie sehr genau und sorgfältig, was das für ein Gott ist, dem vertrauend und dienend sie alle die Welt geringschätzen und den Tod verachten und weder die von den Griechen anerkannten Götter als solche ansehen noch dem Aberglauben der Juden huldigen; ferner was das für eine Liebe ist, die sie untereinander hegen; endlich, warum diese neue Lebensart und Gottesverehrung erst jetzt und nicht viel früher in die Welt getreten ist.

Ich begrüße diesen deinen Wunsch herzlich und bitte Gott, der uns die Sprache und das Gehör verleiht, um die Gabe für mich, so zu sprechen, damit ich vor allem höre, dass du erbaut worden bist, und für dich, so zu hören, damit ich, der ich rede, keinen Grund zum Bedauern habe, es getan zu haben.

II
Torheit des Götzendienstes

Wohlan denn, mache dich frei von allen Vorurteilen, die deinen Geist gefangen halten, lege ab die trügerische Gewohnheit und werde wie im Anfang ein neuer Mensch, da du ja auch nach deinem eigenen Geständnisse Hörer einer neuen Lehre sein wirst; schaue nicht bloß mit den Augen, sondern auch mit dem Verstande, welches Wesen und welche Gestalt die Götter haben, die ihr so nennt und an die ihr glaubt.

Ist nicht der eine Stein, ähnlich dem Pflasterstein, der andere Erz, nicht besser als die zu unserem Gebrauche geschmiedeten Geräte, ein anderer Holz, das vielleicht schon faul ist,[3] wieder ein anderer Silber, das eines menschlichen Wärters bedarf, damit es nicht gestohlen werde, der wieder Eisen, vom Rost zerfressen, der endlich gebrannter Ton, in keiner Weise edler als das gewöhnlichste Hausgerät?[4] Besteht nicht das alles aus vergänglichem Stoff? Ist es nicht geschmiedet aus Eisen im Feuer? Hat nicht das eine davon der Steinmetz, das andere der Erzgießer, dies der Silberschmied, jenes der Töpfer gebildet? War nicht ein jedes dieser Dinge, ehe es durch die Kunstfertigkeit jener Männer zu seiner Gestalt ausgeprägt wurde, und ist es nicht auch noch jetzt zu allem Möglichen gestaltbar? Könnten nicht die jetzt aus demselben Stoff bestehenden Geräte, wenn sie in die Hand derselben Künstler kämen, solchen (Götzenbildern) ähnlich gemacht werden? Könnten nicht wiederum diese, die jetzt von euch angebetet werden, von Menschen zu Geräten gemacht werden, ähnlich den übrigen? Sind sie nicht alle taub, nicht blind, nicht leblos? Nicht ohne Empfindung und Bewegung? Nicht alle der Fäulnis und der Verderbnis unterworfen?[5]

---

3 Weish 14,1.
4 Ähnlich Justin in seiner 1. Apologie IX.
5 Vgl. Weish 13,10-14,2; Jes 44,9-19.

Diese nennt ihr Götter, diesen dienet ihr, sie betet ihr an und werdet ihnen schließlich ähnlich.

Darum hasst ihr die Christen, weil sie solche nicht für Götter halten. Aber ihr, die ihr sie zu preisen vermeint, drückt ihr ihnen nicht weit mehr eure Verachtung aus? Verspottet und beschimpft ihr sie nicht weit mehr, indem ihr zwar die, welche von Stein und von Ton sind, ohne Bewachung verehrt, die silbernen und goldenen aber des Nachts einschließt und am Tage mit Wachposten umstellt, damit sie nicht gestohlen werden? Mit den Ehrengaben aber, welche ihr ihnen darzubringen glaubt, straft ihr sie vielmehr, wenn sie Empfindung haben; sind sie aber empfindungslos, so bringt ihr ihnen das zum Bewusstsein, indem ihr sie mit Blut und Fettdampf verehrt. Das halte einer von euch aus, das lasse einer an sich geschehen! Fürwahr, auch nicht einer der Menschen wird sich eine solche unangenehme Behandlung gefallen lassen, hat er doch Empfindung und Verstand; der Stein aber nimmt sie hin, weil er empfindungslos ist; beweist ihr also nicht selbst seine Empfindungslosigkeit?

Darüber, dass die Christen solchen Göttern sich nicht untertänig erweisen, könnte ich noch vieles andere sagen; sollte aber einem das Gesagte nicht hinreichend scheinen, so halte ich es für überflüssig, ihm noch mehr zu sagen.

III
Aberglaube der Juden

Weiterhin hast du, glaube ich, ein großes Verlangen, zu hören, warum die Christen Gott nicht auf dieselbe Weise verehren, wie die Juden. Wenn die Juden sich des vorher genannten Götzendienstes enthalten, so haben sie darin recht, dass sie nur einen Gott des Weltalls verehren und als Herrn ansehen; sofern sie aber auf gleiche Weise, wie die vorher genannten Heiden, Ihm diese Verehrung erweisen, sind sie im Irrtum. Denn wenn die Griechen damit, dass sie empfindungslosen und tauben Wesen Opfer darbringen, einen Beweis von Unverstand geben, so sollten diese die Juden es mit Recht noch mehr für Torheit und nicht für Gottesdienst halten, wenn sie glauben, solche Gaben ihrem Gott darbringen zu müssen, als ob Er ihrer bedürfte. Denn der den Himmel und die Erde und alles, was darin ist, erschaffen hat und uns allen darreicht, was wir brauchen, hat doch wohl nicht selbst etwas nötig von dem, was Er selbst denen, die es zu geben meinen, darreicht.[6] Die Ihm aber Opfer von Blut, Fettdampf und ganzen Tieren darzubringen und Ihn durch solche Ehren zu verherrlichen glauben, die scheinen mir sich in nichts von denen zu unterscheiden, welche dieselbe Huldigung tauben Göttern darbringen; denn offenbar bringen die einen sie solchen dar, welche die Ehre nicht genießen können, die andern aber dem, der keiner Sache bedarf[7].

---

6 Barnabas II,4; Jes 1,11ff. 66,1ff.
7 1.Klem LII,1. Das ganze Kapitel ähnelt inhaltlich Barnabas II.

IV
Die übrigen verwerflichen Bräuche der Juden

Jedoch über ihre ängstliche Vorsicht hinsichtlich der Speisen, über ihren Aberglauben betreffs der Sabbate, über ihre Prahlerei mit der Beschneidung und über ihre Heuchelei hinsichtlich des Fastens und der Neumonde, die lächerlich und nicht der Rede wert sind, verlangst du, wie ich glaube, von mir keinen Aufschluss. Denn wie sollte es nicht unrecht sein, von dem, was Gott zum Gebrauche der Menschen geschaffen hat, das Eine als gut geschaffen anzunehmen, das Andere aber als unbrauchbar und überflüssig zurückzuweisen und wie sollte es nicht gottlos sein, Gott zu verleumden, als verbiete Er, am Tage des Sabbats etwas Gutes zu tun?[8] Sich aber mit der Verstümmelung des Fleisches[9] als einem Zeugnis der Auserwählung zu brüsten, als ob man deswegen von Gott ganz besonders geliebt sei, verdient das nicht Spott?

Dass sie ferner beständig auf die Sterne[10] und den Mond[11] achten, Beobachtungen über Monate und Tage anstellen, die Anordnungen Gottes und die wechselnden Zeiten nach ihrem eigenen Gutdünken abteilen, die einen zu Festen, die andern zur Trauerfeiern[12], wer möchte das für einen Beweis von Gottesfurcht und nicht vielmehr von Unverstand ansehen?

---

8 Dies hielt bereits Jesus den Juden vor. Mt 12,12; Mk 3,4; Lk 6,9.

9 Gemeint ist die Beschneidung des männlichen Gliedes.

10 Die Juden begannen den Tag mit dem Anbruch der Nacht. Aber erst, wenn drei Sterne am Himmel sichtbar wurden, war man überzeugt, dass die Nacht begonnen habe. Wer also Freitagabend, wenn drei Sterne am Himmel von ihm gesehen wurden, noch arbeitete, galt als Sabbatschänder; wer arbeitete nach Erscheinen zweier Sterne, musste ein Sühneopfer darbringen für eine zweifelhafte Sünde; wer erst einen Stern sah, durfte noch arbeiten.

11 Die Juden betrachteten die Neumondtage als Feste.

12 Hier wird einerseits auf die großen Feste der Juden hingewiesen, andererseits auf den Versöhnungstag.

Dass sich also die Christen mit Recht von dem allgemeinen Unverstand und Irrtum[13] und von der jüdischen religiösen Vielgeschäftigkeit und Prahlerei fernhalten, das hast du, wie ich glaube, zur Genüge erkannt. Erwarte aber nicht, dass du das geheimnisvolle Wesen ihrer eigenen Gottesverehrung von einem Menschen erfahren kannst.

---

13 Der bei Heiden und Juden sich findet.

V
Charakteristik der Christen

Denn die Christen sind weder durch Heimat noch durch Sprache und Sitten von den übrigen Menschen verschieden. Sie bewohnen nirgendwo eigene Städte, bedienen sich keiner abweichenden Sprache und führen auch kein absonderliches Leben. Keineswegs durch einen Einfall oder durch den Scharfsinn vorwitziger Menschen ist diese ihre Lehre aufgebracht worden und sie vertreten auch keine menschliche Schulweisheit wie andere.

Sie bewohnen Städte von Griechen und Nichtgriechen, wie es einem jeden das Schicksal beschieden hat, und fügen sich unauffällig der Landessitte in Kleidung, Nahrung und in der sonstigen Lebensart, legen aber dabei eine wunderbare und anerkanntermaßen auffällige Lebensweise an den Tag. Sie bewohnen jeder sein Vaterland, aber nur wie Beisassen; sie beteiligen sich an allem wie Bürger und lassen sich alles gefallen wie Fremde; jede Fremde ist ihnen Vaterland und jedes Vaterland eine Fremde.[14]

Sie heiraten wie alle andern und zeugen Kinder, setzen aber die geborenen nicht aus. Sie haben gemeinsamen Tisch, aber kein gemeinsames Bett. Sie sind im Fleische, leben aber nicht nach dem Fleische.[15] Sie verbringen ihr Leben auf Erden, sind aber Bürger des Himmels.[16] Sie befolgen die vorgeschriebenen Gesetze und übertreffen gleichzeitig diese Gesetze durch ihren Lebenswandel.

---

14   Vgl. 1.Klemensbrief, Anrede.

15   2. Korinther 10,3

16   Philipper 3,20

Sie lieben alle Menschen und werden von allen verfolgt. Man kennt sie nicht und verurteilt sie doch, sie werden getötet und wieder zum Leben erweckt.[17]

Sie sind arm und machen dennoch Viele reich; sie leiden Mangel an allem und haben doch alles im Überfluss.[18] Sie werden entehrt, und doch werden sie gerade in ihrer Entehrung verherrlicht.

Sie werden schlecht geredet und doch werden sie als gerecht befunden.[19] Sie werden gekränkt und segnen, werden verspottet und erweisen Ehre.[20]

Sie tun Gutes und werden wie Übeltäter gestraft. Bestraft man sie, freuen sie sich, als würden sie zum Leben erweckt. Von den Juden werden sie angegriffen als Fremde, und von den Griechen werden sie verfolgt; aber einen Grund für ihren Hass vermögen die Hasser nicht anzugeben.[21]

---

17 2. Korinther 4,11. 6,9
18 2. Korinther 6,10
19 2. Korinther 4,17
20 2. Korinther 4,8
21 Auf welchen heutigen Christ trifft dieses Kapitel zu? Welch beschämendes Vorbild die frühen Christen doch für uns abgeben! Vgl. Justin, 1. Apologie Kapitel XVI.

VI

Wie die Seele im Leib sind die Christen in der Welt

Kurz gesagt, was im Leibe die Seele ist, das sind in der Welt die Christen. Wie die Seele über alle Glieder des Leibes, so sind die Christen über die Städte der Welt verbreitet. Die Seele wohnt zwar im Leibe, stammt aber nicht aus dem Leibe; so wohnen die Christen in der Welt, sind aber nicht von der Welt.[22] Die unsichtbare Seele ist in den sichtbaren Leib eingeschlossen; so weiß man zwar von den Christen, dass sie in der Welt sind, aber ihre Religion bleibt unsichtbar.[23]

Das Fleisch hasst und bekämpft die Seele,[24] die ihm kein Leid antut, bloß weil es von ihr gehindert wird, seinen Lüsten zu frönen; ebenso hasst die Welt die Christen, die ihr nichts zuleide tun, nur weil sie sich ihren Lüsten widersetzen.

Die Seele liebt das ihr feindselige Fleisch und die Glieder; so lieben auch die Christen ihre Hasser. Die Seele ist zwar vom Leibe umschlossen, hält aber den Leib zusammen; so werden auch die Christen von der Welt gleichsam in Gewahrsam gehalten, aber gerade sie halten die Welt zusammen. Unsterblich wohnt die Seele im sterblichen Zelte; so wohnen auch die Christen im Vergänglichen, erwarten aber die Unvergänglichkeit im Himmel.

Schlecht bedient mit Speise und Trank wird die Seele vollkommener; auch die Zahl der Christen nimmt, wenn sie mit dem Tode bestraft werden, von Tag zu Tag zu. In eine solche Stellung hat Gott sie versetzt, und sie haben nicht das Recht, dieselbige zu verlassen.

---

22   Johannes 17,11.14.16.

23   Sie haben keine sichtbaren Opfer, Tempel, Götterbilder, Prozessionen.

24   1. Petrus 2,11.

VII
Stifter der christlichen Religion ist das Wort

Denn, wie ich schon sagte,[25] nicht als irdische Erfindung wurde ihnen dieses anvertraut und nicht als ein System rein menschlicher Meinungen wollen sie dieses so sorgfältig hüten, auch nicht mit der Verwaltung menschlicher Geheimnisse sind sie betraut; sondern der allmächtige Schöpfer und unsichtbare Gott selbst, Er hat wahrhaftig die Wahrheit und Sein heiliges und unfassbares Wort[26] vom Himmel her unter den Menschen Wohnung nehmen lassen und in ihren Herzen gegründet.

Er tat das nicht, wie man erwarten sollte, indem Er den Menschen einen Diener schickte, etwa einen Engel oder einen Fürsten oder einen von denen, die mit der Verwaltung im Himmel betraut sind, sondern den Schöpfer und Bildner des Alls selbst, durch den Er die Himmel geschaffen, das Meer in seine Grenzen eingeschlossen hat, dessen Geheimnisse[27] alle Elemente treu bewahren, von dem die Sonne die Maße ihrer Tagesumläufe vorgezeichnet erhielt, nach dessen Befehle der Mond in der Nacht scheint, dem die Sterne gehorchen, welche der Bahn des Mondes folgen, von dem alles geordnet und bestimmt und dem alles unterworfen ist, die Himmel und was im Himmel, die Erde und was auf Erden, das Meer und was im Meere ist, Feuer, Luft, Abgrund, was in den Höhen, was in den Tiefen und was dazwischen ist. Diesen hat Er zu ihnen gesandt. Etwa, wie ein Mensch denken könnte, zur Gewaltherrschaft, um Furcht und Schrecken zu verbreiten? Keineswegs, sondern in Milde und Sanftmut schickte Er ihn, wie ein König einen Königssohn sendet, als einen Gott sandte Er ihn, wie einen Menschen zu

---

25 Kapitel V.

26 Griechisch Logos. Bei den frühen Christen eine häufige Bezeichnung für Jesus Christus, s. Kapitel XI. Vgl. Joh 1,1ff; Justin, 1.Apol. V.

27 Gemeint sind die unveränderlichen und unergründlichen Naturgesetze.

Menschen sandte Er ihn, zur Erlösung schickte Er ihn, zur Überzeugung, nicht zum Zwang; denn Zwang liegt Gott ferne. Er sandte ihn, um zu rufen, nicht zum Verfolgen; Er sandte ihn in Liebe, nicht zum Gericht.[28] Er wird ihn zwar auch noch senden zum Gerichte, und „wer wird den Tag seines Eingangs aushalten? Oder wer wird standhalten bei seiner Erscheinung?"[29]

Siehst du nicht, wie sie wilden Tieren vorgeworfen werden, damit sie den Herrn verleugnen, wie sie aber nicht überwunden werden? Siehst du nicht, dass, je mehr von ihnen hingerichtet werden, desto mehr die andern an Zahl wachsen?[30] Das ist offenbar nicht Menschenwerk, sondern Gotteskraft, das sind Beweise Seiner Gegenwart.

---

28   Joh 3, 17.

29   Mal 3, 2.

30   Siehe Kapitel VI; ferner Tertullian, Apologetikum, 50.: „Wir werden jedesmal zahlreicher, so oft wir von euch niedergemäht werden; ein Same ist das Blut der Christen."

VIII
Erst durch den Sohn Gottes kennen wir Gott

Denn welcher Mensch wusste überhaupt, was Gott ist, ehe Er selbst erschien? Oder willst du die gehaltlosen und läppischen Erklärungen jener unfehlbaren[31] Philosophen annehmen, von denen die einen sagen, Gott sei Feuer - wohin sie selbst wandern werden, das nennen sie Gott, die andern, Er sei Wasser[32] oder ein anderes der von Gott geschaffenen Elemente? Freilich könnte, wenn eine von diesen Behauptungen annehmbar wäre, auch ein jedes der übrigen Geschöpfe in gleicher Weise für Gott erklärt werden. Aber das ist Blendwerk und Trug von Gauklern.

Von den Menschen hat keiner Gott gesehen oder erkannt, Er selbst hat sich kundgetan.[33] Er offenbarte sich aber durch den Glauben, dem allein es gegeben ist, Gott zu schauen. Denn Gott, der Herr und Schöpfer des Weltalls, der alles gemacht und mit Ordnung eingerichtet hat, erwies sich nicht nur als Menschenfreund sondern auch langmütig.[34] Er war zwar immer ein solcher und ist es und wird es sein, milde und gut, frei von Grimm und wahrhaft, und Er allein ist gut.[35]

Als Er aber den großen und unaussprechlichen Gedanken[36] gefasst hatte, teilte Er ihn nur Seinem Sohne mit. Solange Er nun seinen weisen Ratschluss als Geheimnis bei sich behielt und bewahrte, schien es, als ob Er sich um uns nicht kümmere und unbesorgt sei.

---

31 Das ist Ironie.
32 Thales von Milet (um 600 v.Chr.) hielt das Wasser, Heraklit von Ephesus (um 500 v.Chr.) das Feuer für den Urgrund aller Dinge.
33 Joh 1,18.
34 Tit 3,4.
35 Mt 19,17.
36 der Erlösung.

Als Er aber das von Anfang an in Aussicht Genommene durch Seinen geliebten Sohn enthüllte und alle Dinge offenbar machte, gewährte Er uns alles zusammen, sowohl die Teilnahme an Seinen Wohltaten als auch das Schauen und die Erkenntnis. Wer von uns hätte das jemals erwartet?

Er war sich also aller Dinge in Seinem eigenen Geist bewusst, zusammen mit Seinem Sohn, entsprechend der Beziehung, die zwischen ihnen bestand.

IX
Gründe für die späte Ankunft des Erlösers

Als Er nun bereits alles bei sich mit Seinem Sohne geordnet hatte, ließ Er uns bis zu der abgelaufenen Zeit,[37] wie wir es wollten, von ungeordneten Trieben geleitet werden, von Lüsten und Begierden fortgerissen. Er tat das durchaus nicht etwa aus Freude an unseren Sünden, sondern aus Langmut, auch nicht, als hätte Er Wohlgefallen an der damaligen Zeit der Ungerechtigkeit,[38] sondern zur Vorbereitung auf die jetzige Zeit der Gerechtigkeit, damit wir, in der damaligen Zeit durch unsere eigenen Werke überführt, dass wir des Lebens unwürdig seien, jetzt durch die Güte Gottes würdig gemacht würden und, nachdem wir den Beweis von unserer eigenen Ohnmacht, in das Königreich Gottes einzugehen, geliefert hätten, durch die Kraft Gottes dazu befähigt würden.

Als aber das Maß unserer Ungerechtigkeit voll und es völlig klar geworden war, dass als ihr Lohn Strafe und Tod uns erwarte, und als der Zeitpunkt gekommen war, den Gott vorausbestimmt hatte, um fortan Seine Güte und Macht zu offenbaren, - o überschwengliche Menschenfreundlichkeit und Liebe Gottes! - da hasste und verstieß Er uns nicht und gedachte nicht des Bösen, sondern war langmütig und geduldig und nahm selbst unsere Sünden auf sich.[39]

Er selbst gab den eigenen Sohn als Lösepreis[40] für uns, den Heiligen für die Unheiligen, den Unschuldigen für die Sünder, den Gerechten für die Ungerechten, den Unvergänglichen für

---

37   Vgl. Röm 3,21-26. 5,20; Gal 4,4-5; Apg 17,30.
38   Gemeint ist die Zeit vor Christi Geburt.
39   Der letzte Teil des Satzes zitiert Jes 53,11 wörtlich nach der LXX.
40   Lösepreis zahlte man für einen Sklaven um ihn zu kaufen. Der Käufer war dann der „Erlöser", denn er hat den Sklaven von seinem vorherigen Besitzer erlöst. Genau das tat Jesus Christus, um alle Menschen aus der Sklaverei der Sünde und somit des Teufels freizukaufen.

die Vergänglichen, den Unsterblichen für die Sterblichen. Denn was anders war imstande, unsere Sünden zu verdecken als Seine Gerechtigkeit? In wem konnten wir Missetäter und Gottlose gerechtfertigt werden, wenn nicht im einzigen Sohne Gottes? Welch süßer Tausch, welch unerforschliches Walten, welch unverhoffte Wohltat, dass die Ungerechtigkeit vieler in einem Gerechten verborgen würde und die Gerechtigkeit eines einzigen viele Sünder rechtfertige!

Nachdem Er also in der früheren Zeit die Ohnmacht unserer Natur, zum Leben zu gelangen, dargetan hatte, zeigte Er jetzt, dass der Erlöser Macht habe, auch das Ohnmächtige zu retten; durch beides aber wollte Er uns zum Glauben an seine Güte bringen, Ihn anzusehen als Ernährer, Vater, Lehrer, Ratgeber, Heiler, Weisheit, Licht, Ehre, Ruhm, Kraft und Leben, und für Kleidung und Nahrung nicht ängstlich zu sorgen.[41]

---

41 Mathetes entfaltet in einem einzigen Satz einen äußerst praktischen Text mit umfassenden Ansichten. Vgl. Justin, 1. Apologie Kapitel XV.

X
Der Segen, der aus Glauben fließt

Trägst auch du nach diesem Glauben Verlangen, so lerne zuerst den Vater kennen. Denn Gott hat die Menschen geliebt; ihretwegen schuf Er die Welt, ihnen unterwarf Er alles auf Erden, ihnen gab Er Rede, ihnen Vernunft; ihnen allein gestattete Er, aufwärts zu Ihm zu blicken; sie gestaltete Er nach Seinem Ebenbilde, ihnen sandte Er seinen einzigen eingeborenen Sohn, ihnen verhieß Er das Himmelreich und wird es geben denen, die Ihn lieben. Von welcher Freude aber glaubst du wohl erfüllt zu werden, wenn du Ihn erkannt hast? Oder wie wirst du den lieben, der dich so zuvor geliebt hat? Liebst du Ihn aber, so wirst du auch ein Nachahmer Seiner Güte sein.

Und wundere dich nicht, dass ein Mensch Nachahmer Gottes[42] sein kann; er kann es, wenn er will. Denn das Glück besteht nicht darin, dass man über seine Nebenmenschen herrscht oder mehr haben will als die Schwächeren, auch nicht darin, dass man reich ist und die Niedrigen unterdrückt; in solchen Dingen kann niemand Gott nachahmen, sie liegen außerhalb Seiner Majestät.

Wer dagegen die Last seines Nächsten auf sich nimmt, wer dem Schwächeren helfen will in den Stücken, in denen er ihm überlegen ist, wer das, was er von Gott empfangen hat, den Bedürftigen spendet, der wird ein Gott für die Empfänger, er ist Gottes Nachahmer.

Dann wirst du, auf Erden lebend, schauen, dass ein Gott im Himmel waltet über das Universum; dann wirst du Gottes Geheimnisse zu reden anfangen; dann wirst du die, welche zum Tode geführt werden, weil sie Gott nicht verleugnen wollen, lieben und bewundern; dann wirst du die Täuschung und Irrung der Welt verachten, wenn du wahrhaft im Himmel zu leben

---

42 Eph 5,1; 1.Kor 11,1; 1.Thess 1,6.

verstehst, wenn du den scheinbaren Tod hienieden verachtest, wenn du den wirklichen Tod fürchtest, der denen vorbehalten ist, die zum ewigen Feuer[43] verurteilt werden sollen, das die ihm Überlieferten bis ans Ende peinigen wird. Dann wirst du die, welche sich um der Gerechtigkeit willen dem nur für einen Moment währenden Feuer[44] unterziehen, bewundern und seligpreisen, wenn du die Natur jenes Feuers kennst.

---

43 Ewiges Feuer Mt 18,18. 25,41; Offb 20,10.

44 Gemeint sind die verschiedensten Feuertode der Christen. Die Römer folterten die Christen mit siedendem Wasser oder brennendem Öl und verbrannten sie lebend am Scheiterhaufen oder zündeten sie als lebende Fackeln am Straßenrand an und dergleichen. Die Christen hingegen fürchteten dieses „für einen Moment währende" Feuer nicht, aus Furcht vor dem viel schrecklicheren, ewigen Feuer, das nie erlischt und das ihnen droht, wenn sie Jesus Christus verleugneten (wie die Römer von ihnen forderten), um dem Tod am Scheiterhaufen zu entgehen.

XI

Was wert ist, gekannt und geglaubt zu werden

Nicht mir Fremdartiges predige ich und stelle keine vernunftwidrigen Untersuchungen an, sondern nachdem ich Schüler der Apostel geworden bin[45], werde ich Lehrer der Heiden und biete das Überlieferte in rechter Weise solchen dar, die es wert sind, Schüler der Wahrheit zu werden. Denn welcher Mensch, der rechtgläubig unterwiesen und dem Logos[46] befreundet geworden ist, hat nicht das Bestreben, klar zu erfassen, was durch den Logos den Jüngern deutlich gezeigt wurde, denen der Logos, als Er sichtbar erschienen war, es offenbarte, indem Er freimütig zu ihnen redete?

Von den Ungläubigen wurde Er zwar nicht begriffen, zu den Jüngern aber redete Er deutlich, die, als Gläubige von Ihm erkannt, die Geheimnisse des Vaters kennen lernten. Deswegen sandte Er den Logos, damit Er der Welt erschiene, der von Seinem Volk [der Juden] missachtet, von den Aposteln gepredigt und von den Heiden gläubig aufgenommen wurde.[47] Dieser ist es, der von Anfang an war, als ein Neuer erschien und als der Alte erfunden wurde, der immerfort neu in den Herzen der Heiligen geboren wird. Er ist der Ewige, von dem es heißt, Er sei „heute der Sohn"[48]; durch Ihn wird die Kirche bereichert und die Gnade, die sich in den Heiligen entfaltet, vermehrt, die da Verständnis gewährt, Geheimnisse erschließt, Zeiten ankündigt, sich an den Gläubigen erfreut, sich den Suchenden mitteilt, jenen nämlich, von denen die Gelöbnisse des Glaubens nicht gebrochen und die von den Vätern gesteckten Grenzen nicht überschritten werden.[49]

---

45 Diese Formulierung führte zu dem Namen Mathetes. Siehe Einleitung.
46 Gemeint ist Jesus Christus. Siehe Fußnote in Kapitel VII.
47 1. Timotheus 3,16.
48 Psalm 2,7.
49 Sprüche 22,28.

Dann wird die Gesetzesfurcht gepriesen, die Prophetengabe erkannt, der Glaube der Evangelien gefestigt und die Überlieferung der Apostel bewahrt; es frohlockt die Gnade der Kirche. Wenn du diese nicht betrübst, wirst du erkennen, was der Logos verkündet, durch wen und wann Er will. Denn was wir durch den Willen des Logos, der uns befiehlt, zu sagen haben, teilen wir euch mit Mühe und aus Liebe zu dem mit, was uns offenbart worden ist.

XII
Der letzte Prüfstein der Erkenntnis ist das Leben

Wenn ihr darauf achtet und es mit Eifer anhöret, werdet ihr inne werden, was Gott denen bietet, die Ihn in rechter Weise lieben, die ihr geworden seid ein Paradies der Wonne und in euch aufsprossen lasset einen herrlich blühenden, fruchtbeladenen Baum, mit allerlei Früchten geschmückt.

An diesem Orte[50] nämlich ist ein Baum der Erkenntnis und ein Baum des Lebens gepflanzt; aber nicht der Baum der Erkenntnis tötet, sondern der Ungehorsam. Denn nicht ohne tieferen Sinn ist, was geschrieben steht, dass Gott am Anfang einen Baum der Erkenntnis und einen Baum des Lebens in der Mitte des Paradieses pflanzte: durch „Erkenntnis" hat Er das Leben angedeutet; weil die ersten Menschen von ihr keinen lauteren Gebrauch machten, wurden sie durch den Betrug der Schlange entblößt.[51]

Denn weder gibt es Leben ohne Erkenntnis, noch sichere Erkenntnis ohne Leben; deshalb sind beide nebeneinander gepflanzt worden. Im Hinblick auf die Macht dieser Verbindung tadelt der Apostel die Erkenntnis, die ohne Wahrheit der Anwendung aufs Leben geübt wird, und sagt: „Die Erkenntnis bläht auf, die Liebe aber erbaut".[52] Denn wer etwas zu wissen glaubt ohne wahre Erkenntnis, die ihr Zeugnis vom Leben bekommt, der hat keine wirkliche Erkenntnis und wird von der Schlange irregeführt, weil er das Leben nicht liebte. Wer aber Furcht mit Erkenntnis kombiniert, und Leben sucht, der pflanzt auf Hoffnung in Erwartung der Frucht.

---

50 Im Paradies.
51 Ein Wortspiel darauf, dass sie ihre Nacktheit erkannten nachdem sie gesündigt hatten.
52 1.Kor 8,1.

Möge dir dein Herz deine Weisheit, und dein Leben das wahre, tief erfasste Wort sein. Wenn du diesen Baum trägst und dessen Frucht zeigst, wirst du immerdar ernten, was bei Gott wohlgefällig ist, was die Schlange nicht berührt und kein Betrug entstellt; da wird Eva nicht verführen, sondern als Jungfrau bewährt[53]; es zeigt sich das Heil, die Apostel erhalten Einsicht, des Herrn Pascha[54] kommt heran, Chöre[55] werden zusammengebracht und wohl geordnet, und der Logos freut sich, die Heiligen zu lehren – er, durch den der Vater verherrlicht wird:

Ihm sei die Ehre in Ewigkeit! Amen.

---

53 Dass Eva, als die Schlange sie verführte, noch eine Jungfrau gewesen sei, sagen auch Justin (DialTryph 100) und Irenäus (GdHär III 333, 4).

54 Sieht nach einem Verweis auf die Apokalypse aus: Offb 5,9. 19,7. 20,5.

55 Die Stelle ist unklar. Auch hier dürfte auf den Jubel am Ende der Apokalypse angespielt werden (Offb 19,6). Andere sehen hier die jährlichen Osterfeste der Kirche und lesen „Kerzen" satt „Chöre".

Justin der Märtyrer
Einleitung Justin

I
Justins Leben

Der hervorragendste unter den Apologeten des zweiten Jahrhunderts ist der Philosoph Justin der Märtyrer. Er wurde in Samaria geboren, in der Nähe des Jakobsbrunnens und entstammte einer heidnisch-griechischen Familie aus Flavia Neapolis (heute Nablus), dem alten Sichem in Samaria. Er selbst schildert uns, wie er als Jüngling, von Wissensdurst getrieben, in verschiedene Schulen kam, die ihn aber alle enttäuschten.

Zuerst besuchte er längere Zeit einen Stoiker, der ihn dadurch abstieß, daß er niemals Gott erwähnte, ja sogar behauptete, es sei unnötig, etwas von Gott zu wissen. Darum wandte sich Justin nun an einen Peripatetiker; dieser wollte jedoch an erster Stelle wissen, welchen Preis er für den Unterricht erhalten würde, und das schien dem Justin eines Philosophen unwürdig zu sein.

So verließ er auch diesen und suchte einen Pythagoräer auf, der fragte ihn, ob er auch Astronomie und Musik verstehe, da diese Wissenschaften den Geist vom Sinnlichen abziehen und zum Schauen des Göttlichen als des absolut Guten und Schönen vorbereiten; Justin mußte eingestehen, daß er von diesen Fächern nichts verstehe.

Auf seiner weiteren Wanderung kam er zu einem Platoniker, bei dem er solche Fortschritte machte, daß er hoffen konnte, bald zum Schauen des Göttlichen, dem Endziele der platonischen Philosophie, zu gelangen.

Da bekam sein Leben auf einmal eine ganz andere Richtung. Ein ehrwürdiger Greis, mit dem er auf einem Spaziergange am Meere, wahrscheinlich bei Ephesus, zusammentraf, überzeugte ihn, daß auch die Philosophie Platons viele Rätsel ungelöst lasse, und wies ihn auf die jüdischen Propheten als bessere Lehrer hin. Justin hatte schon früher die Todesverachtung der Christen bewundert und aus ihr geschlossen, daß diese Menschen unmöglich die Schlechtigkeiten begingen, die man ihnen nachsagte. Er erkannte rasch, dass das Christentum die beste aller Philosophien war, weil es göttlich war, frei von all den menschlichen Makeln, Lücken und Widersprüchen aller anderen Philosophien und Religionen. So trat er zum Christentum über und widmete sein Leben fortan der Verteidigung des christlichen Glaubens;. Er zog als Wanderlehrer im Philosophenmantel umher und knüpfte auf öffentlichen Plätzen mit Leuten der verschiedensten Stände Gespräche an. Später gründete er in Rom eine christliche Schule; hier war Tatian, der spätere Apologet, sein Schüler, der kynische Philosoph Kreszens aber sein erbitterter Gegner.

Die praktische Weisheit Justins, der sich der Rhetorik seiner Zeit bedient und die falsche Philosophie mit ihren eigenen Waffen schlägt, das mannhafte und heldenhafte Eintreten des Mannes für ein verachtetes Volk, mit dem er sich kühn identifiziert hatte; die Unerschrockenheit, mit der er es vor Despoten verteidigt, deren bloße Willkür ihn mit dem Tod bestrafen könnte; vor allem der unerschrockene Geist, mit dem er die Schande und die Absurdität ihres eingefleischten Aberglaubens entlarvt, läutete eine neue Ära im subapostolischen Zeitalter ein.

Über das Martyrium und Ende Justins haben wir einen alten, treuen Bericht, der ohne Zweifel auf dem amtlichen Gerichtsprotokolle beruht, und das Zeugnis von Eusebius und den meisten glaubwürdigen Historikern macht es sicher. Nach diesem Berichte wurde Justin in der Regierungszeit von Marcus Aurelius in Rom vor den Stadtpräfekten Junius Rustikus geführt, der ihn mit sechs anderen Christen enthaupten ließ. Das Chronicon Paschale gibt als Datum 165 n. Chr. an.

II
Justins Schriften

Justin war ein sehr fruchtbarer Schriftsteller. Aber von seinen acht Schriften, die Eusebius noch gekannt hat, sind uns heute nur drei vollständig erhalten und auch diese nur in einer einzigen schlechten Handschrift (Paris. nr. 450) vom Jahre 1364; es sind zwei Apologien gegen die Heiden und ein langer Dialog mit dem Juden Tryphon.

Der Dialog mit Tryphon enthält eine zweitägige Unterredung mit einem gelehrten Juden, wo auch Justins erste Apologie erwähnt wird.

Die wertvollste Leistung dieses frühchristlichen Autors, Lehrers, und Philosophen sind seine beiden Apologien, über die eine merkwürdige Streitfrage geführt wird. Eusebius berichtet, Justin habe zwei Apologien verfaßt, die eine an Kaiser Antoninus Pius, die andere an seine Nachfolger Mark Aurel und Lucius Verus. Die Kritiker haben viel darüber gestritten, ob wir diese beiden Apologien in den heute erhaltenen Fassungen haben. Einige haben behauptet, dass das, was heute als zweite Apologie bezeichnet wird, die Vorrede der ersten war und dass die zweite verloren ist. Andere haben zu zeigen versucht, dass die so genannte zweite Apologie die Fortsetzung der ersten sei und die zweite verloren sei. Andere haben angenommen, dass die beiden Apologien, die wir haben, die beiden Apologien Justins sind, dass aber Eusebius sich geirrt habe, als er behauptete, die zweite sei an Marcus Aurelius gerichtet; und wieder andere behaupten, dass wir in unseren beiden Apologien die beiden von Eusebius erwähnten Apologien haben, und dass unsere erste seine erste und unsere zweite seine zweite ist. Wir drucken hier beide ab, so wie wir sie haben, und sind dankbar, dass wir sie haben. Beide Apologien wurden wohl kurz nach dem Jahre 150 in Rom verfaßt.

Erste Apologie

I
Widmung

An den Kaiser Titus Älius Hadrianus Antoninus Pius Cäsar Augustus, an seinen Sohn Verissimus[56] den Philosophen, an Lucius[57], eines philosophischen[58] Cäsars leiblichen und des Pius angenommenen Sohn, den Freund der Wissenschaften, an den heiligen[59] Senat und das ganze römische Volk richte ich Justinus, Sohn des Priskus und Enkel des Bakchius, aus Flavia Neapolis in der syrischen Landschaft Palästina, für die Leute aus jedem Volksstamm[60], die mit Unrecht gehaßt und verleumdet werden, zu denen ich auch selbst gehöre, folgende Ansprache und Bittschrift.

---

56 Gemeint ist der spätere Kaiser Mark Aurel (Marcus Aurelius Verus), der im Jahre 139 von Antonius Pius adoptiert wurde und gleichberechtigt den Titel Cäsar erhielt. Den Namen Verissimus hatte dem wahrheitsdurstigen Jüngling, der schon mit zwölf Jahren Gewand und Lebensweise der stoischen Philosophen angenommen hatte, mit Vorliebe Kaiser Hadrian gegeben.

57 Der dritte Adressat der Apologie ist Lucius Verus Sohn des von Hadrian adoptierten Älius Verus, der aber noch vor Hadrian starb; sein Sohn Lucius wurde von Mark Aurel als Mitregent angenommen († 169).

58 Philosoph konnte der ausschweifende Lucius von Justin nicht genannt werden, wohl aber sein Vater, der „wohlgebildet in der Literatur, anmutig in der Rede und gewandt im Versemachen" war (Spartianus, Aelius Verus K. 5).

59 Heilig wird der Senat öfters von Justin genannt (K. LVI und Zweite Apologie K. II).

60 Daß die Christen aus allen Völkern und Stämmen kommen, hebt Justin öfters hervor (K. XL und K. LIII).

II
Gerechtigkeit gefordert

Daß die wahrhaft Frommen und Weisen[61] nur die Wahrheit ehren und lieben und daß sie es ablehnen, hergebrachten Anschauungen, wenn diese falsch sind, zu folgen, gebietet die Vernunft. Denn nicht nur verbietet die gesunde Vernunft[62], denen nachzufolgen, die etwas Unrechtes getan oder gelehrt haben, sondern der Wahrheitsfreund muß auch auf jede Weise, wenn der Tod ihm angedroht wird, das Bekenntnis und die Ausübung des Rechten seinem Leben vorziehen. Ihr nun hört allenthalben, daß ihr Fromme und Weise, Wächter des Rechtes und Freunde der Bildung genannt werdet; ob ihr es aber auch seid, wird sich zeigen. Denn nicht, um mit dieser Schrift euch zu schmeicheln oder zu Gefallen zu reden, sind wir gekommen, sondern um zu fordern, daß ihr auf Grund sorgfältiger und verständiger Untersuchung das Urteil fällt, unbeirrt durch vorgefaßte Meinung oder durch die Rücksicht auf abergläubische Menschen und ohne in unvernünftiger Leidenschaft und nach alteingewurzeltem Vorurteil gegen euch selbst das Urteil zu sprechen. Denn wir sind überzeugt, daß uns von keinem irgendein Übel zugefügt werden kann, es sei denn, daß wir als Vollbringer einer Übeltat überführt oder als schlecht erfunden worden sind. Ihr aber könnt uns wohl töten, schaden aber könnt ihr uns nicht[63].

---

61 Eine Anspielung auf Namen der Kaiser Antonius Pius und Marcus Aurelius philosophus.

62 Justin ist überzeugt, daß die menschliche Vernunft ein Ausfluss des göttlichen Logos (Wortes) ist und dass jeder, der ohne Vorurteil und Leidenschaft seiner Vernunft folgt, die Wahrheit des Christentums erkennen wird (vgl. Kapitel XLVI).

63 Schon Sokrates sprach vor seinen Richtern: „Wenn ihr mich zum Tode führt, einen solchen Mann, wie ich ihn euch schildere, so werdet ihr mir nicht mehr Leid zufügen als euch selbst; denn einem besseren Manne kann nicht von einem schlechteren Leid geschehen." (Plat. ap. 30 c)

III
Forderung nach gerichtlicher Untersuchung

Damit man aber dieses nicht für ein unsinniges und keckes Gerede halte, verlangen wir, daß die Anschuldigungen gegen sie geprüft werden und daß sie, wenn jene sich als begründet herausstellen, nach Gebühr bestraft werden. Wenn man uns aber nichts nachweisen kann, so verbietet die wahre Vernunft, auf ein übles Gerücht hin unschuldigen Menschen Unrecht zu tun oder vielmehr euch selbst, wenn ihr nicht nach vernünftiger Entscheidung, sondern nach Leidenschaft[64] die Dinge zu verhängen beliebet. Denn für eine angemessene, ja für die einzig gerechte Regelung wird jeder Vernünftige die erklären, daß die Untergebenen von ihrem Leben und von ihrer Lehre ohne Ausnahme Rechenschaft ablegen, daß aber ihrerseits die Machthaber sich bei ihrem Urteil nicht von Gewalttätigkeit und Willkür, sondern von Pietät und Philosophie leiten lassen; denn nur so werden sowohl die Regierenden, als auch die Regierten des Glückes teilhaftig. Sagte doch auch irgendwo einer der Alten: „Wenn nicht Regierende und Regierte Philosophen sind, können die Staaten nicht gedeihen".[65]

Unsere Aufgabe ist es also, in unser Leben und in unsere Lehren allen Einsicht zu verschaffen, damit wir nicht für solche, die erfahrungsgemäß mit unseren Verhältnissen unbekannt sind und aus Unwissenheit fehlen, selbst die Strafe auf uns laden; eure Sache aber ist es, uns, wie die Vernunft es fordert, anzuhören und euch als gerechte Richter zu erweisen. Denn seid ihr einmal unterrichtet, so wird euch fürderhin keine Entschuldigung bei Gott mehr zustehen, wenn ihr nicht Gerechtigkeit übet.

---

64 Heute würde man sagen „nach Gefühl" oder „aus dem Bauch heraus".

65 Diesen Ausspruch Platons (de rep. V p. 473 de) führte Kaiser Marcus Aurelius (Mark Aurel) oft im Munde.

IV
Christen zu Unrecht wegen ihres Namens verurteilt

Eine Namensbezeichnung ist weder ein gutes noch ein schlechtes Kriterium, wenn man von den Handlungen absieht, die dem Namen zugrunde liegen. Übrigens, soweit es auf den uns beigelegten Namen[66] ankommt, sind wir die trefflichsten Leute. Wie wir es aber nicht für recht halten, auf den Namen hin, wenn wir als Übeltäter erfunden werden, Freisprechung zu verlangen, so ist es hinwiederum auch eure Sache, wenn wir weder in unserer Namensbezeichnung noch in unserem Verhalten als Übeltäter befunden werden, darauf hinzuarbeiten, daß ihr nicht solche, die nicht überführt sind, ungerecht bestraft und so selber straffällig werdet. Denn aus dem Namen kann vernünftigerweise weder Lob noch Strafe erwachsen, sofern nicht aus den Werken etwas Tugendhaftes oder Schlechtes erwiesen werden kann.

Alle, die vor euch angeklagt sind, bestraft ihr nicht, ehe ihre Schuld erwiesen ist; bei uns aber nehmt ihr schon den Namen als Schuldbeweis an, obgleich ihr, soweit ihr nach unserem Namen urteilt, vielmehr unsere Ankläger bestrafen müßtet. Denn wir werden angeklagt, Christen zu sein; das Brave aber zu hassen, ist nicht recht[67]. Und wiederum, wenn einer der Angeklagten zum Leugner wird und einfach mit dem Munde erklärt, er sei es nicht, so laßt ihr ihn gehen, als hättet ihr keine Verschuldung ihm vorzuwerfen; wenn aber jemand bekennt, es zu sein, dann straft ihr ihn wegen des Bekenntnisses. Es wäre aber eure

---

66 Der Name „Christ", für den allein die Christen verurteilt wurden.

67 Justin leitet hier das Wort Christus von χρηστός (chrestus: wacker, brav) ab. Auch Laktanz erzählt, die Heiden pflegten Chrestus statt Christus zu sagen (inst. div. IV 7: immutata littera Chrestum solent dicere). Natürlich war auch dem Justin bekannt, daß das Wort χριστός (Christus) von salben abgeleitet ist (2.Apol. V; 1.Apol. XL).

Pflicht, sowohl des Bekennenden als auch des Leugnenden (Lebens)Wandel zu prüfen, damit aus seinen Taten seine Schuld oder Unschuld sich ergebe. Denn wie manche, die von ihrem Lehrer Christus gelernt haben, ihn nicht zu verleugnen, wenn sie verhört werden, werbend wirken, auf dieselbe Weise geben die, welche einen schlechten Lebenswandel führen, denen, welche ohnehin dazu hinneigen, allen Christen Gottlosigkeit und Ungerechtigkeit nachzusagen, dazu Anlass. Mit Recht zwar geschieht auch dies nicht. Eignen ja doch auch manche sich den Namen und das Äußere von Philosophen an, die in keiner Weise etwas tun, was diesem Vorgehen entspräche; ihr wisset wohl, daß auch solche von den Alten, die in Ansichten und Lehrsätzen einander widersprechen, mit dem gleichen Namen Philosophen bezeichnet werden. Von diesen haben einige Atheismus gelehrt, und den Zeus samt seinen Kindern stellen die Dichter als Wollüstling dar; die, welche ihren Anschauungen folgen, werden von euch nicht daran gehindert, vielmehr setzt ihr Preise und Ehren denen aus, welche die Götter in schön klingenden Worten verhöhnen.

V

Triebfeder der Christenverfolgung sind Dämonen

Wie ist das nun? In Bezug auf uns, die wir geloben, kein Unrecht zu begehen und solche gottesleugnerischen Ansichten nicht zu hegen, stellt ihr keine genauen Untersuchungen an, sondern strafet uns in unvernünftiger Leidenschaft und vom Stachel böser Dämonen getrieben ohne Überlegung und unbekümmert.

Denn es soll die Wahrheit gesagt werden: Vor alters hatten böse Dämonen, die Gestalten angenommen hatten,[68] Weiber entehrt, Knaben geschändet und den Menschen Schreckbilder vorgezeigt[69], so daß die, welche die Vorgänge nicht mit Einsicht unterschieden, verwirrt wurden; von Furcht bedrückt und

---

68 Dämonen sind unsichtbare Geister ohne Gestalt, die jede Gestalt von Menschen, Tieren und was auch immer annehmen und dadurch für Menschen sichtbar werden können. Justin erklärt, wie diese Dämonen maßgeblich den Stoff für die Griechische Mythologie lieferten, weil die Menschen sie für Götter oder Mythische Wesen hielten. Jesus hingegen trieb laufend Dämonen aus den Menschen aus und enttarnte sie als Diener des Teufels. Er unterwies Seine Apostel darin und gab ihnen Vollmacht über die Dämonen. Seither versuchten die Apostel und später ihre Nachfolger die Römer, Griechen und andere Völker aufzuklären und von dämonischen Lehren und Einflüssen zu befreien. Auch manche Philosophen haben erkannt was Dämonen anstellen, wie Justin in Folge ausführt, und versucht diese Dinge ans Licht zu bringen um das Volk zu warnen. Es erging ihnen ähnlich wie den Christen.

69 Das ist die Vorgeschichte zur Sintflut. Sie wird im Buch Genesis kurz erwähnt (6,2-4), im Buch Enoch (Henoch), das sowohl bei den Juden als auch frühen Christen zum Grundwissen gehörte und als prophetisch galt, ausführlicher geschildert. Dass Dämonen (unreine Geister) die Menschen zu Sünden und Gräueln verführen, indem sie schlechte Vorbilder sind und ihnen das auch noch Freude bereitet, gehört zum Kern der Lehre der Apostel und durchzieht wie ein roter Faden die frühchristliche Literatur, speziell die Apologien.

verkennend, daß es böse Dämonen waren, nannten sie jene Götter und legten den einzelnen den Namen bei, den ein jeder der Dämonen sich selbst gab.[70]

Als aber Sokrates mit wahrer Vernunft und nach genauer Prüfung diese Dinge ans Licht zu bringen und die Menschen von den Dämonen abzuziehen versuchte, haben die Dämonen es durch Menschen, die an der Schlechtigkeit ihre Freude hatten, dahin gebracht, daß er als Gottesleugner und Religionsfrevler hingerichtet wurde, indem sie vorgaben, er führe neue Götter ein und in gleicher Weise setzen sie gegen uns ganz dasselbe ins Werk[71]. Denn nicht allein bei den Griechen wurden durch Sokrates vom Logos diese Dinge ans Licht gebracht, sondern auch bei den Barbaren[72] von demselben Logos, als er Gestalt angenommen hatte, Mensch geworden war und Jesus Christus hieß.[73] Diesem folgend erklären wir, daß die Geister, die solches getan haben, nicht nur keine richtigen Gottheiten, sondern böse und ruchlose Dämonen sind, die nicht einmal dieselben Handlungen aufweisen können, wie die nach Tugend strebenden Menschen.

---

70 Auch die Namen der Dämonen sind von Enoch aufgeschrieben (6,7).

71 Die Menschen gaben den Dämonen viele Namen und beteten sie als Götter an. Mose sang: „Sie opferten Dämonen und nicht Gott" (Dtn 32,7 LXX Deutsch) und David: „Denn alle Götter der Völkerschaften sind Dämonen, der Herr aber hat die Himmel gemacht." (Ps 95,5 LXX Deutsch). Paulus schrieb: „Der Geist aber sagt ausdrücklich, dass in späteren Zeiten etliche vom Glauben abfallen und sich irreführenden Geistern und Lehren der Dämonen zuwenden werden durch die Heuchelei von Lügenrednern." (1.Tim 4,1). Johannes schrieb: „Geliebte, glaubt nicht jedem Geist, sondern prüft die Geister, ob sie aus Gott sind! Denn es sind viele falsche Propheten in die Welt ausgegangen." (1.Joh 4,1) Das haben nicht nur Propheten Gottes offenbart, sondern auch wachsame Denker wie Sokrates. Sie alle wurden in der Regel dafür verleumdet, verfolgt und getötet.

72 Barbaren nannten die Römer alle Völker außer sich selbst und die Griechen, auch die Juden. Justin folgt dieser Bezeichnung (K. VII).

73 „Logos" („Wort") ist ein Gottesname von Jesus, den die frühen Christen sehr häufig benutzten (Vgl. Joh 1,1ff; Diognet VII).

VI
Christen sind keine Atheisten

Daher heißen wir Gottesleugner. Wir gestehen, in Bezug auf derartige falsche Götter Gottesleugner zu sein, nicht aber hinsichtlich des wahren Gottes, des Vaters der Gerechtigkeit und Keuschheit und der übrigen Tugenden, der mit dem Schlechten nichts gemein hat. Ihn und Seinen Sohn, der von Ihm gekommen ist und uns diese Dinge gelehrt hat, auch das Heer der anderen guten Engel, die Ihm anhangen und ganz ähnlich sind, und den prophetischen Geist[74] verehren und beten wir an[75], indem wir Ihn mit Vernunft und Wahrheit ehren und jedem, der Ihn kennen lernen will, wie wir Ihn kennen gelernt haben, neidlos mitteilen.

---

[74] Justin nennt den Heiligen Geist gewöhnlich den prophetischen Geist. Deutlich unterscheidet hier der Apologet den Heiligen Geist als Person vom Sohn Gottes.

[75] Der Satzbau ist hier – wie übrigens öfters bei frühchristl. Autoren und schon bei Paulus – für unser Sprachempfinden unglücklich verdreht, sodass unwissende Leser auf falsche Schlüsse kommen könnten, nämlich dass Justin meinte, die Christen würden Engel anbeten. Das hat jedoch Gott streng verboten. Das beachteten selbstverständlich die frühen Christen. Justins Worte „verehren und beten wir an" beziehen sich in Wahrheit auf den dreieinigen Gott („Ihn und seinen Sohn ... und den prophetischen Geist"). Die Engel sind ein Einschub und nicht mitgemeint, das zeigt auch der weitere Satzverlauf, der stets korrekt „ihn" nennt, nicht „sie".

VII
Jeder Christ muss anhand seines eigenen Lebens geprüft werden

Aber, wird man sagen, schon manche sind gefaßt und als Missetäter abgeführt worden. Denn viele verurteilt ihr oft, wenn ihr jedesmal den Lebenswandel der Angeklagten prüft, aber das tut ihr nicht wegen der früher Verurteilten. Im allgemeinen geben wir die Tatsache zu, daß, sowie bei den Griechen die, welche beliebige Lehren aufstellten, durchwegs mit dem einen Namen Philosophen bezeichnet werden, wenn auch ihre Lehrsätze einander widersprechen, so auch die, welche bei den anderen Völkern Weise waren und in Ruf kamen, eine gemeinsame Benennung haben, sie werden nämlich alle Christen genannt. Daher fordern wir, daß man bei allen, die euch angezeigt werden, die Handlungen untersuche, damit der, welcher überführt wird, als Verbrecher abgestraft werde, der aber, welcher als unschuldig erwiesen wird, freigelassen werde als ein Christ, der kein Unrecht tut. Wir wollen nicht verlangen, daß ihr die Ankläger straft[76]; denn sie haben genug an der ihnen anhaftenden Bosheit und an der Unkenntnis des Guten.

---

76 Verleumderische Ankläger hatten nach dem römischen Recht dieselbe Strafe zu erleiden, die sie dem Angeklagten zugedacht hatten (cod. Theod. IX 2,3 und 3,6). Genau das befiehlt übrigens schon Gott im Gesetz Moses (Dtn 19,16-21) und darum lautet eines der sogenannten 10 Gebote ursprünglich: „Du sollst kein falsches Zeugnis reden gegen deinen Nächsten!"

VIII
Jenseitshoffnungen der Christen

Daß wir aber dieses zu eurem Besten dargelegt haben, erkennet daraus, daß es ja bei uns stünde zu leugnen, wenn wir verhört werden. Aber wir wollen nicht mit Lügen leben. Denn in der Sehnsucht nach dem ewigen und reinen Leben streben wir nach dem Zusammensein mit Gott, dem Vater und Schöpfer des Alls, und eilen zum Bekenntnisse, da wir überzeugt sind und fest glauben, daß dieses Leben diejenigen erlangen können, die Gott durch Werke bewiesen haben, daß sie ihm anhangen und nach dem Aufenthalte bei ihm verlangen, wo keine Schlechtigkeit Pein verursacht. Dies also ist es, kurz gesagt, was wir erwarten und was wir von Christus gelernt haben und lehren.[77]

Platon hat übrigens in gleicher Weise gesagt, daß Radamanthys und Minos die Ungerechten, wenn sie vor ihnen erscheinen, bestrafen werden; wir aber sagen, daß das Gleiche geschehen werde durch Christus und daß sie in ihren ursprünglichen Leibern mit ihren Seelen eine ewig währende Strafe erdulden werden, nicht nur eine tausendjährige, wie jener annahm[78]. Will man das für unglaublich oder für unmöglich erklären, so geht doch dieser Irrtum nur uns, nicht einen andern an, solange wir nicht eines tatsächlichen Vergehens überführt werden.

---

[77] Wir sehen aus dieser Stelle, daß die Jenseitshoffnungen den Christen eigentümlich und ein Hauptteil ihrer Lehre waren.

[78] Nach Platon dauern die Belohnungen und Strafen im Jenseits 1000 Jahre; nach deren Ablauf können sich die Menschen eine neue Lebensweise auf Erden wählen, auch in Tierleibern. Nur die, welche dreimal hintereinander auf Erden ihr Leben in reinem Weisheitsstreben zugebracht haben, kehren nach Ablauf der 3x1000 Jahre ganz geläutert von ihrer vorweltlichen Verfehlung zu den Fixsternen zurück, um dort zu bleiben.

IX
Widersinn des Götzendienstes

Aber wir ehren auch nicht mit vielerlei Opfern und Blumengewinden die, welche Menschen gebildet, in Tempeln aufgestellt und Götter genannt haben; denn wir wissen, daß diese Dinge unbeseelt und tot sind und nicht Gottes Gestalt haben - wir glauben nämlich, daß die Gottheit nicht die Gestalt hat, in der man sie zum Zwecke der Verehrung abgebildet hat -, daß sie vielmehr Namen und Formen jener sichtbar erschienenen bösen Dämonen haben. Denn was braucht man es euch, da ihr es wißt, zu sagen, zu was allem die Künstler den Stoff durch Behauen, Schnitzen, Gießen und Hämmern verarbeiten. Selbst aus gemeinen Gefäßen bildet man oft, indem man künstlich Form und Aussehen verändert, sogenannte Götter[79].

---

[79] Die Heiden hielten die Götterbilder selbst für Götter und nicht bloß für Symbole. Das war der Glaube des Volkes, wie auch der andrer Völker, die Statuen, Reliquien und andere geweihte Gegenstände anbeteten und ihnen göttliche Kräfte zuschrieben. Genauso spotteten schon Gottes Propheten im AT über Völker, die sich Götter aus toten Materialen anfertigten. „Denn die Bräuche der Heiden sind nichtig. Denn ein Holz ist's, das man im Wald gehauen hat und das der Künstler mit dem Schnitzmesser anfertigt. Er verziert es mit Silber und Gold und befestigt es mit Hämmern und Nägeln, damit es nicht wackelt; sie sind gedrechselten Palmbäumen gleich, sie können nicht reden; man muss sie tragen, denn sie können nicht gehen. Fürchtet euch nicht vor ihnen, denn sie können nichts Böses tun, und auch Gutes zu tun steht nicht in ihrer Macht!" (Jer 10,3-5; vgl. Jes 40,19f; Ps 115,5). Platon sagt, dass „die Verehrung, die man diesen leblosen Dingen erweist, von den lebendigen, unsichtbaren Göttern mit vieler Huld und Gnade vergolten wird" (leges XI S. 931). Das klingt moderner, ist aber Götzendienst. Das erscheint in einer aufgeklärten Welt längst überwunden. Doch Jesus und Seine Apostel prophezeiten, dass der Antichrist selbst ein Standbild errichten und die ganze Welt zwingen wird, es anzubeten (Offb 13). Danach erst wird Christus wiederkommen und dem ein Ende setzen. Tatsächlich nahmen die Prozessionen im römischen Götzenstil, wo Statuen mit Musik und Gebet durch die Straßen getragen und wie Götter verehrt werden, bis heute zu.

Wir finden das nicht nur widersinnig, sondern glauben auch, daß es zur Verhöhnung der Gottheit geschehe, die, da sie doch eine unaussprechliche Herrlichkeit und Schönheit besitzt, nach vergänglichen und der Wartung bedürftigen Dingen genannt wird. Und daß ihre Verfertiger liederliche Leute sind und um nicht alles aufzuzählen, jegliche Schlechtigkeit an sich tragen, wißt ihr wohl; sogar ihre jungen Sklavinnen, die mit ihnen daran arbeiten, verführen sie. Welch ein Blödsinn zu sagen, daß zügellose Menschen Götter zur Anbetung bilden und umbilden und für die Tempel, wo sie aufgestellt werden, solche Menschen als Wächter anstellen, und daß man nicht einsieht, daß es ein Frevel ist zu denken oder zu sagen, Menschen seien der Götter Hüter![80]

---

80 Darüber, dass Götter von Menschen behütet und bewacht werden müssen, machen sich viele Apologeten lustig. Siehe z.B. Diognet II.

X
Die Christen haben keine materiellen Opfer

Wir haben aber auch die Lehre empfangen, daß Gott keiner materiellen Opfergabe von seiten der Menschen bedarf,[81] da wir Ihn ja selbst alles spenden sehen. Dagegen sind wir gelehrt worden und glauben fest, daß Er nur jene in Gnaden annimmt, die das Ihm innewohnende Gute nachahmen[82]: Enthaltsamkeit, Gerechtigkeit, Nächstenliebe und was sonst Gott eigentümlich ist[83], Ihm, der mit keinem Ihm erst beigelegten Namen benannt wird.

Und wir sind ferner gelehrt worden, daß Er im Anfange, weil Er gut ist, alles aus formloser Materie der Menschen wegen[84] erschaffen hat; wir haben die Überlieferung, daß diese, wenn sie sich nach seinem Ratschlusse in Werken dessen wert erweisen, des Umganges mit Ihm gewürdigt werden und mit Ihm gemeinsam herrschen, nachdem sie unvergänglich und leidenlos geworden sind. Denn so gewiß Er sie im Anfange, als sie nicht waren, geschaffen hat, ebenso gewiß werden, so glauben wir, die, welche das Ihm Wohlgefällige erwählen, wegen dieser Wahl der Unsterblichkeit und des Zusammenwohnens mit ihm gewürdigt werden.

---

81   Justin führt das in Kapitel XIII näher aus. Siehe auch Diog III; Barn II,4; 1.Klem LII,1; Jes 1,11-13.

82   Diog X.

83   Ähnlich sagt Minucius Felix (Oct. XXXII): „Kleine und große Tiere soll ich Gott opfern, welche er doch zu meinem Nutzen erschaffen, so daß ich ihm eigentlich seine Gabe zurückgebe? Das wäre undankbar, wenn doch ein gutes Herz, ein reiner Sinn und ein unbeflecktes Gewissen ein angenehmes Opfer ist."

84   Die Lehre, dass Gott die Erde der Menschen wegen geschaffen hat, ist dem frühen Christen- und Judentum eigentümlich. In der Griechischen Mythologie ist der Mensch jedoch nur eine Laune der Götter, die ihn aus Langeweile erschufen und laufend ihren Mutwillen mit ihm treiben.

Denn daß wir im Anfange ins Dasein gerufen wurden, war nicht unser Verdienst; daß wir aber dem nachstreben, was Ihm lieb ist, indem wir es mit Vernunftkräften, die Er selbst uns schenkte, frei wählen, dazu leitet Er uns an und dazu führt Er uns zum Glauben.

Und wir meinen, daß es im Interesse aller Menschen liegt, daß sie von der Erkenntnis dieser Dinge nicht abgehalten, vielmehr zu ihr hingeführt werden. Denn was die menschlichen Gesetze nicht zuwege bringen konnten, das hätte der Logos, da Er göttlich ist, bewirkt, wenn nicht die bösen Dämonen[85] viele Lügen und gottlose Beschuldigungen[86] verbreitet hätten, indem sie sich verbündeten mit der jedem Menschen innewohnenden, zu allem Bösen neigenden und ihrer Natur nach vielgestaltigen Lust, Beschuldigungen, von denen uns doch keine trifft.

---

85   Dass Dämonen die Menschen beeinflussen und ihnen böse Gedanken, Ideen, Künste und Lehren eingeben, wird Justin in Folge noch oft betonen. Das zieht sich wie ein roter Faden durch die Apologien. Andere frühchristliche Apologeten erklären ebenso, wie Menschen von Dämonen teuflisch inspiriert werden. Modernen Christen mag das fremd sein. Aber die frühen Christen, die auch Dämonenaustreibungen vornahmen und bei ihrer Taufe bewusst dem Teufel und seinen Dämonen abschworen, hatten noch die Lehren Jesu von den Aposteln ungetrübt überliefert und dort wird oft von Dämonen gesprochen. Die Evangelien und apostolischen Lehrbriefe sind voll davon. Bereits im Buch Enoch, das bei Juden und frühen Christen gut bekannt und hoch geschätzt war, wird detailliert berichtet, wie Dämonen in Urzeiten zu den Menschen zogen um sie in verschiedensten Handwerken und Wissenschaften zu unterweisen und sich im Gegenzug der Frauen bedienten. Das verdarb damals schon die gesamte Schöpfung und führte zu Gottes rigorosem Strafgericht in Form der Sintflut. Im Buch Genesis wird die Vorgeschichte dazu nur kurz angedeutet, voraussetzend, dass der Bericht von Enoch bekannt ist.

86   Gemeint sind die Verleumdungen der Heiden, daß die Christen in ihren Versammlungen Kinder schlachten und essen würden und nach Auslöschen der Lichter Unzucht begingen. Diese absurden Anschuldigungen hielten sich anscheinend hartnäckig und veranlassten mehrere frühchristliche Apologeten dagegen zu schreiben. Davon berichtet Minucius Felix ausführlich im Dialog Octavius (K. IX) und wehrt sich (K. XXX).

XI

Die Christen erwarten kein irdisches, sondern ein jenseitiges Königreich

Und so habt ihr auch, als ihr hörtet, daß wir ein Königreich erwarten, ohne weiteres angenommen, wir meinten ein irdisches, während wir doch dasjenige bei Gott meinen, wie sich auch daraus ergibt, daß wir, wenn wir, von euch verhört werden, eingestehen, daß wir Christen sind, obschon wir wissen, daß auf dieses Geständnis die Todesstrafe gesetzt ist. Denn wenn wir ein irdisches Reich erwarteten, würden wir doch wohl leugnen, um nicht hingerichtet zu werden, und wir würden verborgen zu bleiben suchen, um zu erlangen, was wir erwarten; weil wir aber unsere Hoffnungen nicht auf die Gegenwart setzen, kümmern wir uns um die Henker nicht, zumal wir auch sowieso sterben müssen.[87]

---

87 2. Apologie XI.

XII

Die Christen sind wegen ihrer Furcht vor ewiger Strafe die besten Stützen der Staatsordnung

Ihr habt aber in der ganzen Welt keine bessern Helfer und Verbündeten zur Aufrechthaltung der Ordnung als uns, die wir solches lehren, wie, daß ein Betrüger, Wucherer und Meuchelmörder ebenso wenig wie ein Tugendhafter Gott verborgen bleiben könne und daß ein jeder ewiger Strafe oder ewigem Heile nach Verdienst seiner Taten entgegengehe. Denn wenn die Menschen insgesamt zu dieser Überzeugung kämen, so würde niemand für die kurze Zeit dem Laster sich hingeben, weil er wüßte, daß er der ewigen Strafe im Feuer entgegengehe,[88] sondern man würde auf alle Weise sich zusammennehmen und mit Tugend schmücken, um der göttlichen Belohnungen teilhaftig zu werden und von den Strafen frei zu bleiben. Denn diejenigen, welche jetzt wegen der von euch aufgestellten Gesetze und Strafen einerseits bei ihren Vergehen unentdeckt zu bleiben suchen, anderseits aber doch Verbrechen begehen,

---

88 Justin lehrt wie alle anderen frühchristlichen Lehrer die Ewigkeit der Höllenstrafen. Das haben die frühen Christen von den Aposteln und diese wiederum von Jesus Christus persönlich so gelernt: „Geht hinweg von mir, ihr Verfluchten, in das ewige Feuer, das dem Teufel und seinen Engeln bereitet ist! [..] Und sie werden in die ewige Strafe hingehen, die Gerechten aber in das ewige Leben." (Mt. 25,41.46) und „Es ist besser für dich, dass du als Krüppel in das Leben eingehst, als dass du beide Hände hast und in die Hölle fährst, in das unauslöschliche Feuer, wo ihr Wurm nicht stirbt und das Feuer nicht erlischt." (Mk. 9,43). Erst später kamen viele Christen durch theologische Kunstgriffe und neuartige Eingebungen zu anderen Überzeugungen, angefangen damit, dass die Strafen nur zeitlich begrenzt wären (Fegefeuer), bis dahin, dass es weder Strafen noch Hölle gäbe. Damit widersprechen die späteren Christen nicht nur einander, sondern vor allem Christus und der Lehre der Apostel.

weil sie sich der Möglichkeit bewußt sind, daß sie vor euch; die
ihr Menschen seid, unentdeckt bleiben können, die würden,
wenn sie unterrichtet und überzeugt wären, daß vor Gott weder
eine Handlung noch auch ein Gedanke verborgen bleiben kann,
schon um dessentwillen, was ihnen bevorsteht, auf alle Weise
in Schranken bleiben, wie ihr auch zugestehen werdet.

Doch es sieht so aus, als wärt ihr besorgt, wenn alle das
Rechte tun und ihr hättet dann nichts mehr zu bestrafen; aber
das wäre ein Standpunkt, der wohl Henkern anstände, nicht
aber guten Fürsten. Wir sind übrigens sicher, daß auch dies,
wie wir vorhin angedeutet haben, von bösen Geistern eingefä-
delt wird, welche auch von denen, die nicht nach der Vernunft
leben, Weihrauch, Opfer und Verehrung verlangen. Aber bei
euch, die ihr nach Frömmigkeit und Weisheit strebt, haben wir
kein unvernünftiges Handeln vorausgesetzt. Zieht aber auch ihr
den Unvernünftigen gleich das Herkommen der Wahrheit vor,
so tut, was ihr könnt! Denn nur so viel vermögen auch die
Herrscher, denen der Wahn höher steht als die Wahrheit, wie
die Räuber in der Wüste. Daß ihr aber mit euren Opfern kein
Glück haben werdet, bezeugt der Logos, der königlichste und
gerechteste Herrscher, den wir nächst Gott, seinem Erzeuger[89],
kennen.

Denn wie alle sich sträuben, von ihren Eltern Armut oder
Krankheit oder Schande als Erbe zu übernehmen, so wird auch
der Verständige sich nicht dafür entscheiden, was der Vernunft-
geist ihm zu erwählen verbietet. Daß das alles so geschehen
werde, hat, sage ich, unser Lehrer Jesus Christus, der Sohn und
Gesandte Gottes, des Vaters und Herrn des Weltalls, vorherge-
sagt, nach dem wir den Namen Christen erhalten haben. Da-
durch werden wir auch voll Zuversicht in Bezug auf alles, was

---

89 Justin lehrt hier klipp und klar, dass Jesus Christus (der Logos) einen Er-
    zeuger hat: Gott, seinen Vater. So wie das schon die alten Apostel und
    Propheten lehrten: „Du bist mein Sohn, heute habe ich dich gezeugt."
    (Hebr 1,5; Ps 2,7). Seit Konstantin und der Arianischen Kontroverse ist
    das im Christentum umstritten.

er uns gelehrt hat, weil es sich herausstellt, daß tatsächlich alles eintrifft, was Er als zukünftig vorausgesagt hat; denn das ist Gottes Werk, vor dem Geschehen vorherzusagen und dann es so geschehen zu lassen, wie es vorhergesagt worden ist.[90]

Wir könnten nun hiermit schließen, ohne etwas weiteres hinzuzufügen, in dem Bewusstsein, daß wir Gerechtes und Vernünftiges verlangen.

Weil wir aber wissen, daß eine im Irrtum befangene Seele nicht in kurzer Zeit sich anders besinnt, haben wir uns gerne entschlossen, um die Wahrheitsfreunde zu überzeugen, noch einiges beizufügen, wissend, es sei nicht unmöglich, daß vor der Wahrheit der Irrtum das Feld räume[91].

---

90   Hiermit schloss der erste Entwurf der Apologie Justins.

91   Aus den eben genannten Gründen hat Justin sich entschieden, doch noch mehr zu schreiben. Was folgt, ist eine weitere, vertiefende Ausführung des bisher Gesagten. Es ist vor allem eine eingehendere Darstellung der christlichen Glaubens- und Sittenlehre und des christlichen Kultus; dabei nimmt der Beweis für die Gottheit Christi den meisten Raum ein.

XIII
Christen ehren Gott am gebührlichsten

Welcher nüchtern denkende Mensch wird dann nicht anerkennen, dass wir keine Atheisten sind, wenn wir den Schöpfer dieses Universums anbeten und erklären, wie wir gelehrt wurden, dass Er keiner Ströme von Blut und Trankopfer und Weihrauch bedarf;[92] Ihn preisen wir nach Kräften durch Gebet und Dank für alles, womit wir versorgt sind, denn wir sind gelehrt worden, dass die einzige Ehrung, die Ihm gebührt, darin besteht, das, was Er zu unserem Unterhalt ins Leben gerufen hat, nicht mit Feuer zu verzehren,[93] sondern es uns und den Bedürftigen zugute kommen zu lassen, und Ihm in Dank-

---

92 Wie bereits in Kapitel X erwähnt.

93 Justin will sagen: Gott will nicht, dass wir für Ihn Nahrung verbrennen, während Bedürftige neben uns hungern müssen. Daran hat Gott keine Freude, das ehrt Ihn nicht. Den gleichen Gedanken ließ Gott Jahrhunderte vor Justin durch den Prophet Jesaja dem Volk ausrichten: »Was soll mir die Menge eurer Opfer?«, sagt der Herr. »Satt habe ich Ganzbrandopfer von Widdern, und nach Fett von Lämmern sowie Blut von Stieren und Böcken verlange ich nicht, auch nicht, wenn ihr kommt, um vor mir zu erscheinen. Wer hat denn dies aus euren Händen gefordert? Meinen Vorhof zu betreten sollt ihr nicht fortfahren; wenn ihr Feinmehl darbringt, ist es vergeblich; Rauchopfer ist mir ein Gräuel; eure Neumondtage und die Sabbattage und den Großen Tag ertrage ich nicht; Fasten und Ruhen und eure Neumondtage und eure Feste hasst meine Seele; ihr seid mir zur Übersättigung geworden, ich werde eure Sünden nicht mehr vergeben. Sooft ihr die Hände nach mir ausstreckt, werde ich meine Augen von euch abwenden, und wenn ihr auch das Bitten vermehrt, werde ich nicht auf euch hören; denn eure Hände sind voller Blut. Wascht euch, werdet rein, entfernt die Bosheiten von euren Seelen vor meinen Augen, lasst ab von euren Bosheiten, lernt Gutes tun, sucht nach Recht, rettet den, dem Unrecht geschieht, schafft Recht der Waise, und verschafft der Witwe Gerechtigkeit; brich dem Hungernden dein Brot und führe obdachlose Arme in dein Haus; wenn du jemanden nackt siehst, bekleide ihn und lasse die Angehörigen deines Samens nicht außer Acht! Dann wirst du rufen, und Gott wird dich erhören; noch während du sprichst, wird er sagen: Siehe, da bin ich! (Jes 1,11-17. 58,7.9).

barkeit Worten der Huldigungen und Gesänge emporzusenden[94] für unsere Erschaffung und für alle Mittel zu unserem Wohlsein und für die Mannigfaltigkeit der Arten und für den Wechsel der Jahreszeiten; und vor Ihn die Bitte zu bringen, dass wir wieder in Unvergänglichkeit erstehen durch den Glauben an ihn.

Und daß wir außerdem den, der unser Lehrer hierin gewesen und dazu geboren worden ist, Jesus Christus, der gekreuzigt wurde unter Pontius Pilatus, dem Landpfleger von Judäa zur Zeit des Kaisers Tiberius, den wir als den Sohn des wahrhaftigen Gottes erkannt haben, an die zweite Stelle setzen und daß wir den prophetischen Geist an dritter Stelle mit Fug und Recht ehren, das werden wir zeigen. Denn darin beschuldigt man uns der Torheit, indem man sagt, daß wir die zweite Stelle nach dem unwandelbaren und ewigen Gott, dem Weltschöpfer, einem gekreuzigten Menschen[95] zuweisen. Das sagt man, weil man das darin eingeschlossene Geheimnis nicht kennt. Indem wir dieses erklären, bitten wir euch, recht dabei aufzumerken.

---

94   Ähnlich sagt Justin an andrer Stelle (Dial. 117): „Daß Gebete und Danksagungen, von Würdigen vollzogen, die einzigen vollkommenen und gottgefälligen Opfer sind, sage ich auch. Diese allein darzubringen haben auch die Christen gelernt, auch bei der Gedächtnisfeier ihrer trockenen und flüssigen Nahrung, bei der sie auch des Leidens gedenken, das der Gottessohn für sie erduldet hat."

95   Der Vorwurf, dass Christen ebenso wie die Römer und Griechen mehrere Götter hätten oder Menschen neben dem einen Gott anbeten würden, rührt daher, dass die Dreieinigkeit bei den Heiden für Verwirrung sorgte, was – wie bereits ausgeführt - auf das Wirken von Dämonen zurück zuführen ist, die absichtlich die Menschen verwirren und von der Wahrheit abbringen. Als Justin lebte, war die Dreieinigkeit Gottes zwar ein Geheimnis, aber noch keine Streitfrage im Christentum, das wurde sie erst ab Kaiser Konstantin, der mit seiner gewaltsamen Klärung einen Glaubenskrieg auslöste, der das Christentum spaltete, bis heute. David Bercot schildert das packend in seinem Buch „Würden die Theologen sich bitte setzen" (Kapitel 9-12).

XIV
Das Christentum hat in seinen Bekennern eine sittliche Umwandlung bewirkt

Denn wir sagen es euch im voraus: Hütet euch, daß nicht die oben von uns angeschuldigten Dämonen euch betören und euch von allem Lesen und Verstehen unserer Werke abziehen; denn sie bemühen sich, euch zu Sklaven und Untergebenen zu haben und bald durch Traumgesichte, bald hinwiederum durch Zauberränke machen sie sich alle untertänig, die in keiner Weise auf ihr Seelenheil bedacht sind; wie auch wir, nachdem wir dem Logos gefolgt sind, von jenen uns losgesagt haben[96] und Gott allein, dem Ungezeugten, durch Seinen Sohn anhangen.

Hatten wir früher an unzüchtigen Dingen Gefallen,[97] so huldigen wir jetzt der Keuschheit allein; gaben wir uns mit Zauberkünsten ab, so haben wir uns jetzt dem guten und ungezeugten Gotte[98] geweiht; wenn wir Geldmittel und Besitz über alles schätzten, so stellen wir jetzt, was wir haben, in den Dienst der Allgemeinheit und teilen jedem Dürftigen davon mit; haßten und mordeten wir einander und hielten wir mit denen, die nicht unseres Stammes sind, wegen der verschiedenen Stammesgewohnheiten nicht einmal Herdgemeinschaft, so leben wir jetzt nach Christi Erscheinen als Tischgenossen zusammen, beten für unsere Feinde und suchen die, welche uns mit Unrecht hassen, zu bereden, daß auch sie nach Christi schönen Weisungen leben und guter Hoffnung seien, daß auch sie dieselben Güter wie wir von dem allherrschenden Gott erlangen werden. Damit

---

96 Bei ihrer Taufe sagten sich die Christen explizit vom Teufel und seinen Dämonen los und legten andererseits einen Fahneneid für Christus ab.

97 Die Aufzählung erinnert an die Epheser: vgl. Eph 2,1-3. 4,22. 5,8.

98 Justin kennt definitiv einen ungezeugten Gott (Vater) und einen gezeugten Gott (Sohn), siehe XII. Auch das ist heute im Christentum leider mehr eine Streitfrage, denn ein heiliges Geheimnis.

es jedoch nicht den Anschein habe, als ob wir euch täuschten, so halten wir es für angebracht, einige von den Lehraussprüchen Christi der Beweisführung[99] vorauszuschicken, und euch als mächtigen Herrschern soll es dann obliegen zu prüfen, ob diese Dinge, die wir gelehrt worden sind und die wir andere lehren, wahr sind. Kurz und bündig sind Seine Aussprüche, denn Er war kein Sophist[100], sondern Sein Wort war Gotteskraft.

---

99   Gemeint ist der Beweis für die Gottheit Jesu, der schon im vorigen Kapitel in Aussicht gestellt wurde, aber erst in den K. 30-53 geführt wird.

100 Die Sophisten setzten auf Redekunst, Jesus und Seine Nachfolger auf die Kraft Gottes. Vgl. 1.Kor 1,17. 2,1-5.13.

XV
Aussprüche Christi über die Keuschheit und Nächstenliebe

Über die Keuschheit sagte Er folgendes: „Wer nach einem Weibe sieht, um es zu begehren, der hat schon im Herzen vor Gott Ehebruch begangen."[101] Und: „Wenn dein rechtes Auge dich ärgert, reiß es aus; denn es ist dir besser, einäugig in das Himmelreich einzugehen, als mit beiden Augen in das ewige Feuer geworfen zu werden." [102] Und: „Wer eine von einem anderen Mann Entlassene heiratet, bricht die Ehe."[103] Und: „Es gibt solche, die von den Menschen verschnitten[104] worden sind; es gibt auch solche, die als Verschnittene geboren wurden; es gibt aber auch solche, die sich selbst verschnitten haben um des Himmelreiches willen, nur fassen das nicht alle."[105] Also sind nach dem Urteile unseres Lehrers sowohl die, welche eine vom menschlichen Gesetze erlaubte zweite Ehe[106] schließen, Sünder als auch die, welche ein Weib ansehen, um es zu begehren. Denn nicht nur, wer tatsächlich die Ehe bricht, ist nach Ihm verworfen, sondern auch, wer ehebrechen will, da Gott nicht bloß die Handlungen, sondern auch die Gedanken offenbar sind. Und gar viele Männer und Frauen, die

---

101 Mt 5,28.

102 Mt 18,9.

103 Mt 5,32.

104 Verschnittene: griech. Ευνούχοι (eunouchos) zu Deutsch Eunuchen. Jesus spricht also tatsächlich nur von Männern, die im wörtlichen Sinne am Geschlechtsteil „verschnitten", also entmannt sind.

105 Mt 19,11-12.

106 Gemeint ist eine Wiederheirat während der vorherige, geschiedene Ehepartner noch lebt. Nach menschlichen Gesetzen war und ist das überall erlaubt. Laut Jesus ist das aber Ehebruch weil es in Seinen Augen eine Zweitehe ist, neben der ersten, und daher streng verboten. Mt 19,3-12; Mk 10,2-12; Lk 16,18. Auf diese Lehrvorträge Jesu bezieht sich Justin und zitiert Ausschnitte daraus.

von Jugend auf Schüler Christi gewesen sind, bleiben mit
sechzig oder siebzig Jahren keusch, und ich getraue mir, solche
in jedem Stande von Menschen aufzuweisen, ganz zu schwei-
gen von der unzähligen Menge derer, die nach einem zügello-
sen Leben sich bekehrt und diese Grundsätze angenommen
haben. Denn nicht die Gerechten und Enthaltsamen hat Chris-
tus zur Sinnesänderung berufen, sondern die Gottlosen, die
Ausschweifenden und die Ungerechten. Denn so hat Er gespro-
chen: „Nicht bin ich gekommen, Gerechte zur Buße zu beru-
fen, sondern Sünder."[107] Will doch der himmlische Vater die
Buße des Sünders mehr als seine Bestrafung.[108]

Über die allgemeine Menschenliebe hat Er folgendes gelehrt:
„Wenn ihr die liebt, welche euch lieben, was tut ihr da Neues?
Tun das doch auch die Hurer. Ich aber sage euch: Betet für eure
Feinde, liebet, die euch hassen, segnet, die euch verfluchen,

---

[107] Lk 5,32.

[108] Buße und Bestrafung waren nach der Lehre der Apostel zwei verschie-
dene Dinge, wobei ersteres von Gott gewollt ist und zweiteres nicht. Erst
spätere Kirchenlehrer machten die Buße zu einer Art Bestrafung und
verwischten so den Unterschied. Zur Erklärung: Buße bedeutete ur-
sprünglich Umkehr. Das meint nicht nur den Vorsatz, nicht mehr zu sün-
digen, sondern eine wirkliche Umkehr im Leben (radikale Veränderung
des Lebenswandels). Die Buße musste man sehen, und wurde von den
Geschwistern und Vorstehern der Gemeinde beobachtet. Sowohl Johan-
nes der Täufer als auch Paulus verlangten daher „Werke, die der Buße
würdig sind", bevor sie jemand tauften. Buße ist die Voraussetzung für
die Taufe und Aufnahme in den Leib Christi (Gemeinschaft aller Gläubi-
gen), und das Mittel des neuen Bundes, um Sünden zu verhindern bevor
sie geschehen und bewirkt die Heiligung, ohne die niemand Jesus sehen
wird. Das war der Fokus aller urchristlichen Lehrer. „Sündige hinfort
nicht mehr" befahl Jesus mit gutem Grund Menschen als Er sie entließ.
„Dies schreibe ich euch, damit ihr nicht sündigt", schrieb Johannes an
seine Schüler. Davon wandten sich spätere Lehrer (und mit ihnen ganze
Kirchen) ab, indem sie entweder das Konzept der Strafen des Alten Bun-
des (Judentum) wieder einführten oder die gnostische Prädestination mit
der damit verbundenen Gnadenlehre übernahmen, wonach Christen
hemmungslos sündigen könnten so viel sie wollen, weil die Errettung
vorherbestimmt und daher unverlierbar sei. Siehe auch Kapitel XVI.

und betet für solche, die euch verleumden."[109] Daß man aber
das Seinige mit den Bedürftigen teilen und nicht des Ruhmes
wegen tun soll, sagt Er also: „Jedem, der bittet, gebet, und den,
der von euch borgen will, weiset nicht von euch.[110] Denn wenn
ihr denen leiht, von welchen ihr zu bekommen hofft, was tut ihr
da Besonderes? Das tun auch die Zöllner.[111] Ihr aber sollt euch
nicht Schätze sammeln auf Erden, wo Motte und Rost sie ver-
zehren und Diebe sie ausgraben, sammelt euch vielmehr Schät-
ze im Himmel, wo weder Motte noch Rost verzehrt.[112] Denn
was nützte es dem Menschen, wenn er die ganze Welt gewän-
ne, seine Seele aber verlöre? Oder was wird er zu ihrer Einlö-
sung geben?[113] Sammelt euch also Schätze im Himmel, wo we-
der Motte noch Rost verzehrt."[114] Und: „Seid aber gütig und
barmherzig, wie auch euer Vater gütig und barmherzig ist und
seine Sonne aufgehen läßt über Sünder und Gerechte und
Böse.[115] Fraget nicht ängstlich, was ihr essen oder was ihr an-
ziehen werdet. Seid ihr nicht mehr als die Vögel und die wilden
Tiere? Und Gott ernährt diese. Seid also nicht bekümmert, was
ihr essen oder was ihr anziehen werdet; weiß ja euer Vater im
Himmel, daß ihr dessen bedürft. Suchet aber das Himmelreich,
und dieses alles wird euch zugelegt werden.[116] Denn wo sein
Schatz ist, da ist auch der Sinn des Menschen."[117] Und: „Tut
das nicht, um von den Menschen gesehen zu werden; sonst
habt ihr keinen Lohn bei eurem Vater im Himmel."[118]

---

109 Mt 5,44; Lk 6,27.
110 Mt 5,42.
111 Lk 6,34.
112 Mt 6,19 f.
113 Mt 16,26.
114 Mt 6,20.
115 Mt 5,45.
116 Mt 6,25 ff.
117 Mt 6,21.
118 Mt 6,1.

XVI
Christi Lehren von der Geduld, Wahrhaftigkeit und werktätigen Frömmigkeit

Über die Pflicht, geduldig, gegen alle dienstfertig und sanftmütig zu sein, spricht Er sich also aus: „Wer dich auf die Wange schlägt, dem biete auch die andere dar, und wer dir den Rock oder den Mantel nimmt, dem wehre es nicht.[119] Wer zürnt, der ist des Feuers schuldig.[120] Mit jedem, der dich zu einer Meile nötigt, gehe zwei mit.[121] Es sollen leuchten eure guten Werke vor den Menschen, damit diese sie sehen und euren Vater im Himmel bewundern."[122]

Wir dürfen also nicht Widerstand leisten, und Er hat keineswegs gewollt, daß wir es den Bösen nachtun, Er hat uns vielmehr ermahnt, durch Geduld und Sanftmut alle von der Schande und von der Lust am Schlechten abzubringen. Das können wir auch an vielen, die früher bei euch waren, nachweisen: sie haben ihr gewalttätiges und herrisches Wesen abgelegt, überwunden entweder durch den Anblick des geduldigen Lebens ihrer Nachbarn oder durch Beachtung der außerordentlichen Sanftmut übervorteilter Reisegenossen oder dadurch, daß sie diese an solchen erprobten, mit denen sie Geschäfte machten.[123]

Daß wir ferner in keinem Falle schwören, aber immer die Wahrheit sagen sollen, dazu hat Er uns mit diesen Worten aufgefordert: „Schwöret gar nicht; es sei aber euer Ja ein Ja und euer Nein ein Nein; was darüber ist, das ist vom Bösen."[124]

---

119 Lk 6,29.
120 Mt 5,22.
121 Mt 5,41.
122 Mt 6,16.
123 Das sind Beweise echter Buße. Vgl. Mathetes Brief an Diognet V.

Daß man ferner Gott allein anbeten soll, hat Er mit folgenden Worten vorgeschrieben: „Das höchste Gebot ist: Den Herrn deinen Gott sollst du anbeten und ihm allein dienen aus deinem ganzen Herzen und mit deiner ganzen Kraft[125], Gott den Herrn, der dich erschaffen hat"[126]. Und als einer zu Ihm hintrat und Ihn „guter Meister" anredete, erwiderte Er: „Niemand ist gut, als Gott allein[127], der alles erschaffen hat".

Die nun, deren Lebenswandel nicht so befunden wird, wie Er gelehrt hat, sollen nicht als Christen angesehen werden, auch wenn sie mit der Zunge die Lehre Christi bekennen; denn Er hat gesagt, daß nicht die, welche bloß sprechen, sondern die, welche auch die Werke vollbringen, zur Seligkeit gelangen werden,[128] Er sprach nämlich also: „Nicht jeder, der zu mir sagt: Herr, Herr, wird in das Himmelreich eingehen, sondern wer den Willen meines Vaters tut, der im Himmel ist[129]. Denn wer mich hört und tut, was ich sage, hört auf den, der mich gesandt hat. Viele werden zu mir sagen: Haben wir nicht in deinem Namen gegessen und getrunken[130] und Wunder gewirkt? Und dann werde ich zu ihnen sprechen: Weichet von mir, ihr Übeltäter[131]. Dann wird Heulen und Zähneknirschen sein, wenn

---

124 Justin versteht die Worte Christi bei Mt 5,34 als strenges Verbot jeglichen Schwures, so wie alle anderen frühen Christen, z.B. Chrysostomus (in Genesim hom. 15,5 bei Montf. IV 122c:; außerdem an vielen andren Stellen seiner Säulenreden) und Basilisu, der sagt (in ps. 14 hom. 1,5, bei Migne gr. 29,260b), im Alten Bunde sei der Schwur erlaubt gewesen, im Neuen aber sei er gänzlich verboten, damit die Gelegenheit zum Falschschwören beseitigt werde. Seit Augustinus sehen die meisten Christen das anders (s. D. Bercot, Würden die Theologen sich bitte setzen, K. 13 und 17).

125 Mk 12,30; Lk 10,27.

126 Didache I,2.

127 Mt 19,17; Mk 10,17 f.

128 Siehe auch Kapitel VIII.

129 Mt 7,21.

130 Lk 13,26.

131 Mt 7,22 f.

die Gerechten leuchten wie die Sonne, die Ungerechten aber ins ewige Feuer geworfen werden[132]. Denn viele werden kommen in meinem Namen, die äußerlich in Schafspelze gekleidet, innerlich aber reißende Wölfe sind; an ihren Werken werdet ihr sie erkennen. Jeder Baum aber, der nicht gute Früchte bringt, wird abgehauen und ins Feuer geworfen"[133].

Daß aber solche, die nicht Seinen Lehren entsprechend leben und nur Christen heißen, gestraft werden, das verlangen wir auch von euch.

---

[132] Mt 13,42 f.
[133] Mt 7,15 ff.

XVII
Verhalten der Christen gegen weltliche Obrigkeit

Abgaben und Steuern suchen wir überall vor allen anderen euren Beamten zu entrichten, wie wir von Ihm angeleitet worden sind. Denn in jener Zeit kamen einige und fragten, ob man dem Kaiser Steuern entrichten solle. Und Er antwortete: „Saget mir: Wessen Bild trägt die Münze?" Sie sprachen: „Des Kaisers". Und da entgegnete Er ihnen: „Gebet denn, was des Kaisers ist, dem Kaiser und was Gottes ist, Gott"[134]. Darum beten wir zwar Gott allein an, euch aber leisten wir im übrigen freudigen Gehorsam, indem wir euch als Könige und Herrscher der Menschen anerkennen und beten, daß ihr nebst eurer Herrschermacht auch im Besitze vernünftiger Einsicht erfunden werdet.[135]

Wenn ihr aber trotz dieser offenen Darlegung euch um uns nicht kümmert, so werden nicht wir den Schaden davon haben; denn wir meinen und sind sogar fest davon überzeugt, daß jeder, sofern seine Taten es verdienen, im ewigen Feuer seine Strafe finden und nach Maßgabe der ihm von Gott verliehenen Gaben von ihm zur Rechenschaft werde gezogen werden, wie Christus es angekündigt hat, als Er sagte: „Wem Gott mehr gegeben hat, von dem wird auch mehr gefordert werden"[136].

---

134 Mt 22,17 ff.
135 Ein Gebet für die Herrscher findet sich schon im 1. Klemensbrief LXI.
136 Lk 12,48.

XVIII
Christliche Lehre von der unsterblichen Seele

Schaut nur hin auf das Ende eines jeden der früheren Herrscher, sie starben den allen gemeinsamen Tod. Führte nun dieser zu einem Zustande der Bewußtlosigkeit, so wäre er für alle Ungerechten ein Glück; da aber allen, die einmal gelebt haben, Empfindung verbleibt und ewige Strafe ihnen bevorsteht, so versäumt es nicht, euch überzeugen zu lassen und zu glauben, daß diese Dinge wahr sind.

Denn Totenbefragungen[137] und die Beschauung der Eingeweide unschuldiger Kinder[138], die Heraufbeschwörung menschlicher Geister, was die Zauberer Traumsender und Beistände nennen, und alles, was von denen, die sich darauf verstehen, vollführt wird, soll euch überzeugen, daß die Seelen auch nach dem Tode bei Bewußtsein sind,[139] desgleichen auch die Menschen, die von den Seelen Hingeschiedener in Besitz genommen und hin- und hergezerrt werden, die man allgemein Besessene und Rasende nennt,[140] außerdem eure sogenannten Orakel (des Amphilochus und von Dodona und von Pytho) und alles, was sonst hierhin gehört, endlich die Aussprüche der Schriftsteller (des Empedokles und Pythagoras, des Platon und Sokrates, die Höhle bei Homer[141] und der Hinabstieg des Odysseus[142] zur Prüfung dieser Dinge) und solcher, die dasselbe wie sie be-

---

137 Ein klassisches Beispiel der Totenbefragung oder des Spiritismus haben wir 1.Sam 28,7ff., wo erzählt wird, daß die Hexe zu Endor auf Bitten Sauls die Seele Samuels heraufbeschwor.

138 Man meinte, daß die Seelen solcher Kinder die Zukunft offenbaren (vgl. Eus. h.e. 7,10 und 8,14; Socr. h.e. 3,13).

139 Das lehrte Jesus, z.B. im Gleichnis vom armen Lazarus in Lk 16,19-31.

140 Justin ist nicht der einzige Autor der Antike oder in jüngerer Zeit, der Besessene und Wahnsinnige in einen Topf geworfen hat; auch steht er unter den Alten nicht allein mit der Meinung da, dass Besessene von den Geistern Verstorbener besessen seien (Siehe diese Angelegenheit ausführlicher illustriert in Kayes Justin Martyr, S. 105-111).

haupten. Soviel wie diese könnt ihr auch uns gelten lassen, die wir nicht weniger als sie an Gott glauben, sondern mehr, die wir sogar hoffen, daß wir unsere toten und in die Erde gelegten Leiber wiedererlangen werden, indem wir behaupten, daß bei Gott nichts unmöglich ist.

141 Griech. Dichter und Geschichtenerzähler (8. Jh. v. Chr.), er schrieb berühmte Geschichten wie den Trojanischen Krieg und die Odyssee.
142 Od. 11,93 ff.

XIX
Der Glaube an die Auferstehung des Fleisches ist nicht vernunftwidrig

Und gesetzt, wir lebten nicht im Leibe, was könnte da bei genauer Betrachtung wohl unglaublicher erscheinen, als wenn man uns sagte, aus einem kleinen Tropfen menschlichen Samens könnten Knochen, Sehnen und Fleisch entstehen, so ausgebildet, wie wir sie wirklich sehen?

Nehmen wir für jetzt einmal den Fall an, ihr wäret von anderer Bildung und von anderer Herkunft und es würde euch jemand, indem er euch menschlichen Samen und das gemalte Bild eines Menschen zeigt, sagen und versichern, aus jenem könne dieses entstehen, würdet ihr es wohl glauben, ehe ihr es vor euren Augen entstehen sähet? Niemand wird mir darin wohl zu widersprechen wagen. Ganz auf dieselbe Weise glaubt ihr nicht, weil ihr noch niemals einen Toten habt auferstehen sehen. Aber gerade wie ihr von vornherein nicht geglaubt hättet, daß aus einem kleinen Tropfen [Sperma] solche [Menschen] hätten entstehen können, und wie ihr seht, daß sie doch geworden sind, so haltet es auch nicht für unmöglich, daß die aufgelösten und nach Art der Samen in die Erde hineingelegten menschlichen Leiber zu ihrer Zeit auf Gottes Geheiß auferstehen und Unverweslichkeit anziehen[143] werden.

Denn wie von einer Gottes würdigen Macht jene[144] reden können, die sagen, alles kehre dahin zurück, woher es gekommen ist, und darüber hinaus vermöge nicht einmal die Gottheit etwas weiteres, wüßten wir nicht zu sagen. Aber das wissen wir, daß sie es nie für möglich gehalten hätten, daß einmal solche Wesen und auf solche Weise entstehen, wie und woraus sie selbst und die ganze Welt entstanden sind.

---

143 1.Kor 15,53.
144 Gemeint sind die Stoiker.

Es ist aber, wie wir gelernt haben, besser, auch an das zu glauben, was unserer eignen Natur und überhaupt Menschen unmöglich ist, als wie die anderen ungläubig zu sein, zumal wir auch wissen, daß unser Lehrer Jesus Christus gesagt hat: „Was bei den Menschen unmöglich ist, das ist möglich bei Gott"[145] und: „Fürchtet nicht die, die euch töten und euch darnach nichts tun können, fürchtet vielmehr den, der nach dem Tode Leib und Seele in die Hölle stürzen kann"[146]. Die Hölle aber ist ein Ort, wo diejenigen gezüchtigt werden sollen, die unrecht gelebt haben und nicht an die Erfüllung dessen glauben, was Gott durch Christus gelehrt hat.

---

145 Mt 19,26; Lk 18,27.
146 Mt 10,28; Lk 12,4.5.

XX
Auch heidnische Dichter und Philosophen haben ein Fortleben des Menschen nach dem Tode gelehrt

Übrigens haben auch die Sibylle[147] und Hystaspes[148] eine Vernichtung alles Vergänglichen durch Feuer vorausgesagt; die Philosophen aber, welche Stoiker heißen, lehren, Gott selber gehe in Feuer auf, und sagen, die Welt entstehe alsdann wieder neu durch Umwandlung.[149]

Wir aber stellen uns Gott den Schöpfer der Dinge als erhaben über alles Vergängliche vor. Wenn wir nun einiges in Übereinstimmung mit den von euch geschätzten Dichtern und Philosophen lehren, manches erhabener und Gottes würdig und so, daß wir allein auch Beweise bringen, warum werden wir dann vor allen mit Unrecht gehaßt? Denn wenn wir behaupten, daß alles von Gott geordnet und geschaffen sei, so wird man erkennen, daß wir einen Satz Platons aussprechen; sprechen wir aber von einem Weltbrand, so einen Satz der Stoiker; sagen wir aber, daß die Seelen der Sünder auch nach dem Tode noch bei Bewußtsein seien und gestraft: werden, die der Gerechten aber

---

147 Justin spricht von einer Sibylle, wie Platon (Phaedrus 244b und Theog. 124d) und im Mittelalter das * Dies irae *; sonst kennt das Altertum ihrer mehrere, z.B. Varro zehn. Die berühmteste Sibylle war die erythräische, von der angeblich auch die römischen Sibyllenbücher herrührten. Die von Justin hier gemeinte sibyllinische Weissagung steht in den christlichen Sibyllinischen Büchern IV 172 ff.

148 Unter dem Namen des Hystaspes ging ein Buch mit Weissagungen um, aus dem auch Klemens von Alexandrien (Strom VI 5 43) und Laktanz (inst. div. VII 15 ff.) Stellen mitteilen.

149 Die Stoiker lehrten, daß die gegenwärtige Welt später in Feuer aufgehen und so in das Urfeuer, d.i. in Gott, zurückkehren werde, dass darnach aber wieder neue Welten entstehen in ewigem Kreislauf. Der Stifter dieser Schule war Zenon aus Kition auf Zypern, der um 300 vor Chr. nach Athen kam und hier in einer bemalten Säulenhalle lehrte.

straffrei ein seliges Leben führen, so wird man sehen, daß wir dasselbe sagen, wie Dichter und Philosophen; lehren wir endlich, man dürfe Werke von Menschenhänden nicht anbeten, so stimmen wir mit dem Lustspieldichter Menander[150] überein und mit anderen, die diesen Gedanken geäußert haben; denn sie haben den Ausspruch getan, daß der Meister höher stehe als sein Werk.

---

150 Menander († 290 vor Chr. zu Athen) war der Hauptvertreter der neuen Komödie. Der von Justin hier zitierte Satz ist sonst nicht erhalten.

XXI
Auch die Lehre von der Himmelfahrt Christi entspricht der heidnischen Mythologie

Wenn wir aber weiterhin behaupten, der Logos, welcher Gottes erste Hervorbringung ist, sei ohne Beiwohnung gezeugt worden, nämlich Jesus Christus, unser Lehrer, und Er sei gekreuzigt worden, gestorben, wieder auferstanden und in den Himmel aufgestiegen, so bringen wir im Vergleich mit euren Zeussöhnen nichts Befremdliches von. Denn wie viele Zeussöhne die bei euch hochgeschätzten Schriftsteller aufführen, wißt ihr wohl; so den Hermes, den erklärenden Vernunftgeist und Lehrer aller, dann den Asklepios, der Arzt gewesen, vom Blitz erschlagen und in den Himmel aufgefahren sei; ferner den Dionysos, nachdem er zerrissen worden war, Herakles, nachdem er sich, um seinen Leiden zu entrinnen, dem Feuertod übergeben hatte, dann Ledas Söhne, die Dioskuren, Danaes Sohn Perseus und den von Menschen abstammenden Bellerophon auf seinen Rosse Pegasus. Was sollen wir noch von Ariadne sagen und denen, die wie sie unter die Sterne versetzt wurden? Und was von den unter euch dahinsterbenden Herrschern, die ihr immer für wert haltet, unter die Unsterblichen versetzt zu werden, so daß ihr einen vorführt, der schwört, er habe den verbrannten Kaiser vom Scheiterhaufen zum Himmel auffahren sehen?

Und was das für Taten sind, die von einem jeden der sogenannten Zeussöhne erzählt werden, braucht vor Wissenden nicht dargelegt zu werden. Nur das sei erwähnt, daß derartige Dinge zu Nutz und Frommen der heranwachsenden Jugend aufgeschrieben sind; denn alle halten es für schön, die Götter nachzuahmen. Fern aber sei dem gesunden Sinne eine derartige Vorstellung von den Göttern, die annimmt, daß sogar Zeus, das Haupt und der Erzeuger aller Götter, ein Vatermörder sei und auch von einem solchen herstamme[151], daß er schlechter und schimpflicher Liebeslust erlegen, zu Ganymed und all den vielen Weibern zur Buhlschaft hinabgestiegen sei und daß auch seine Söhne es ebenso getrieben hätten. Aber, wie ich schon sagte,[152] in Wahrheit haben die bösen Dämonen dieses getan.

Zur seligen Unsterblichkeit aber gelangen nach unserer Lehre nur die, welche in heiligem und tugendhaftem Leben Gott nahe kommen; wer aber ungerecht lebt und sich nicht bekehrt, der wird gemäß unserem Glauben in ewigem Feuer gestraft.[153]

---

151 Kronos verstümmelte und stürzte seinen Vater Uranos und erfuhr dann dasselbe Schicksal von seinem Sohn Zeus.

152 Kapitel V.

153 Mt 18,18. 25,41; Justin, 2.Apol. IX.

XXII
Dasselbe gilt von der übernatürlichen Geburt und den Wundern Jesu

Der Sohn Gottes aber, welcher Jesus heißt, verdient, selbst wenn Er wie alle andern nur ein Mensch wäre, wegen seiner Weisheit Sohn Gottes genannt zu werden; nennen doch alle Schriftsteller den höchsten Gott den Vater der Götter und Menschen. Wenn wir aber sagen, Er sei auf ganz eigene Weise entgegen der gewöhnlichen Abstammungsweise als Logos Gottes aus Gott geboren worden, so ist das, wie schon vorhin[154] gesagt wurde, etwas, was wir mit euch gemeinsam haben, die ihr den Hermes den von Gott Kunde bringenden Logos nennt.

Sollte man aber daran Anstoß nehmen, daß Er gekreuzigt worden ist, so hat Er auch das mit euren vorhin aufgezählten Zeussöhnen gemeinsam, die auch gelitten haben; denn von diesen werden nicht gleiche, sondern verschiedene Todesarten erzählt, so daß er auch in der Ihm eigentümlichen Todesart ihnen nicht nachsteht; vielmehr werden wir im Fortgange der Rede, wie wir versprochen haben, zeigen, daß Er sogar höher steht als sie, und eigentlich ist es schon bewiesen; denn wer der Höhere ist, wird aus den Taten offenbar. Wenn wir ferner behaupten, Er sei von einer Jungfrau geboren worden, müßt ihr hierin eine Übereinstimmung mit Perseus zugeben[155]. Sagen wir endlich, er habe Lahme, Gichtbrüchige und von Geburt an Sieche gesund gemacht und Tote erweckt, so wird das dem gleichgehalten werden können, was von Asklepios erzählt wird.[156]

---

154 Kapitel XXI.

155 Danae wurde von ihrem Vater in einen Turm eingemauert, damit sie nicht ihre Jungfräulichkeit verliere. Aber Zeus strömte in Gestalt eines goldenen Regens durch die Fugen zu ihr herab. So wurde Perseus gezeugt und anschließend durch eine Jungfrauengeburt zur Welt gebracht.

156 Asklepios galt als Wundertäter und Heilkünstler; man brachte die Kranken in seine Heiligtümer, damit er ihnen im Traum Heilmittel offenbare.

XXIII
Die Argumente

Nunmehr soll euch dargetan werden: Erstens, alles, was wir als Lehren Christi und der Ihm vorausgegangenen Propheten ausgeben, ist allein wahr und älter als alle Schriftsteller, die es gegeben hat; aber nicht deshalb, weil wir dasselbe wie sie lehren, verlangen wir Annahme unserer Lehre, sondern deshalb, weil wir die Wahrheit sagen.

Zweitens Jesus Christus ist allein als der eigentliche Sohn Gottes gezeugt, weil er sein Logos, Erstgeborener und Seine Kraft ist, und Er hat, nach seinem Ratschlusse Mensch geworden, uns diese Lehren zur Umwandlung und zur Hinaufführung des menschlichen Geschlechtes gegeben.

Und drittens, ehe Er als Mensch unter Menschen erschien, haben im Voraus einzelne, ich meine die vorher erwähnten bösen Dämonen, durch die Dichter das als Tatsachen hingestellt, was sie erdichtet haben, wie sie denn auch die gegen uns ersonnenen schändlichen und gottlosen Taten vollbracht haben, für die es keinen Zeugen und keinen Beweis gibt. Hierfür diene folgendes als Beleg.

XXIV
Erster Beweis

Der erste Beweis ist dieser: Obschon unsere Lehren denen der Griechen ähnlich sind, werden wir allein um des Namens Christi willen gehaßt und, obschon wir kein Unrecht tun, doch als Missetäter hingerichtet, während doch von anderen anderwärts Bäume, Flüsse, Mäuse, Katzen, Krokodile und die meisten unvernünftigen Tiere verehrt werden, wenn auch nicht überall die gleichen, sondern die einen hier, die andern dort Ehren genießen und so alle, weil sie Verschiedenes verehren, einander als gottlos erscheinen müssen.

Und das ist das Einzige, was ihr uns vorwerfen könntet, daß wir nicht dieselben Götter wie ihr verehren und daß wir nicht, wie ihr, den Verstorbenen Spenden und Wohlgerüche und vor ihren Bildern Kränze und Opfer darbringen. Daß nun dieselben Wesen bei den einen als Götter, bei den anderen als Untiere, bei wieder anderen als Opfertiere gelten, wißt ihr genau.

XXV
Zweiter Beweis

Der zweite Beweis ist: Wir, Leute aus jeder Menschenklasse, die wir einst den Dionysos, den Sohn der Semele, und Latonas Sohn Apollon, die beide aus unnatürlicher Liebe Dinge verübten, die man nicht aussprechen darf[157], die wir ferner die Persephone und Aphrodite, die bei euch wegen des Adonis in Liebeswahnsinn verfielen, deren Mysterien ihr aber noch jetzt feiert, oder den Asklepios oder sonst einen der sogenannten Götter verehrten, haben trotz des angedrohten Todes diese durch Jesus Christus verachten gelernt und haben uns dem ungezeugten und leidenschaftslosen Gotte hingegeben, der, wie wir überzeugt sind, weder zu einer Antiope oder einer anderen ihresgleichen, noch zu Ganymedes in Liebesraserei gekommen ist, noch auch durch Vermittlung der Thetis von jenem Hundertarmigen befreit zu werden brauchte, noch zum Danke dafür sich des Thetissohnes Achilleus angenommen hat und um der Konkubine Briseis willen eine Menge von Griechen umkommen ließ. Wer derartiges glaubt, den bedauern wir; Schuld daran tragen, das wissen wir, die Dämonen.

---

157 Eph 5,3.

XXVI
Dritter Beweis

Der dritte Beweis ist folgender: Auch nach der Auffahrt Christi zum Himmel haben die Dämonen einzelne Menschen veranlaßt, sich für Götter auszugeben, die nicht nur nicht von euch verfolgt, sondern mannigfacher Ehren gewürdigt wurden.

So einen gewissen Samaritaner Simon aus dem Flecken Gittä, der unter Kaiser Klaudius durch die Macht der in ihm tätigen Dämonen in eurer Kaiserstadt Rom Zauberkünste ausgeübt hat, für einen Gott gehalten und wie ein Gott von euch durch eine Bildsäule geehrt wurde. Diese Bildsäule steht im Tiberflusse mitten zwischen zwei Brücken[158] und trägt diese lateinische Aufschrift: Simoni deo sancto[159]. Und fast alle Samaritaner, auch einzelne unter anderen Völkern, erkennen und verehren ihn als den höchsten Gott und eine gewisse Helena, die in jener Zeit mit ihm umherzog, nachdem sie früher in einem Hurenhause sich preisgegeben hatte, nennen sie „seinen ersten Gedanken".[160]

Von einem gewissen Menander[161] aber, der auch Samariter war aus dem Flecken Kapparetäa, einem Schüler des Simon, wissen wir, daß auch er, unter dem Einfluß der Dämonen stehend, in Antiochien auftrat und durch seine Zauberkunst viele betörte, der sogar seine Anhänger zu dem Glauben brachte, daß sie nicht sterben würden. Und noch jetzt gibt es einige von seinen Anhängern, die dies glauben.

---

158 d.h. auf der Tiberinsel.

159 Zu Deutsch: „Simon, der heilige Gott".

160 Über Simons Lehre schreibt auch Irenäus (GdHär I, K. 23) und dessen Schüler Hippolytos (Widerlegung aller Häresien VI,19). Zu „seinen ersten Gedanken" s. Kapitel LXIV.

161 Auch über diesen Menander handelt Irenäus ebendort (GdHär I, K. 23).

Dazu gehört ein gewisser Markion[162] aus dem Pontus, der noch gegenwärtig seine Gläubigen anleitet, einen andern für größer zu halten als Gott den Weltschöpfer. Dieser (Markion) hat mit Hilfe der Dämonen bei allen Volksstämmen viele dazu gebracht, Lästerungen auszusprechen, Gott den Schöpfer dieses Weltalls zu leugnen und sich zu einem anderen zu bekennen, der, weil er höher stehe, Größeres als jener gewirkt habe. Alle, welche ihrer Richtung angehören, heißen, wie schon gesagt, Christen[163], wie denn auch unter den Philosophen diejenigen, welche nicht die gleichen Lehrsätze haben, doch den ihnen beigelegten Namen der Philosophie gemeinsam haben. Ob sie[164] aber auch jene Schandtaten verübten, nämlich das Umstürzen des Leuchters, zügellose Ausschweifungen und das Verzehren von Menschenfleisch, wissen wir nicht; daß sie aber von euch, wenigstens der Lehre wegen weder verfolgt noch getötet werden, das wissen wir. Es gibt auch ein Schriftchen[165], daß wir gegen alle bisherigen Häresien verfaßt haben; wollt ihr es einsehen, so werden wir es einreichen.

---

162 Über Markion s. später Kapitel LVIII und Irenäus GdHär III 3,4.

163 Es gab damals schon Christen und Christen. Viele Irrlehrer und Sekten (wie etwa jene, die nur mit den Lippen bekennen, s. XVI) nannten sich auch Christen obwohl sie unterschiedliches, ja sogar gegensätzliches glaubten und einen ganz anderen Lebenswandel hinlegten als die frühen Christen, die beständig in der Lehre der Apostel blieben. Auffallend ist, dass immer nur die echten Christen verfolgt wurden, die anderen ließ der Staat und das Volk stets in Ruhe, wie Justin der Obrigkeit vorhält. Er betont auch an mehreren Stellen, dass die anderen eigentlich gar nicht Christen genannt werden dürften (z.B. Kapitel XVI). Denunziert und gehasst werden immer nur die wahren Nachfolger Christi. Ein Phänomen, das bis heute anhält.

164 Die falschen Christen, die in Wahrheit Häretiker (Sektierer) sind.

165 Das ist leider verloren gegangen.

XXVII
Aussetzen der Kinder ist den Christen verboten

Ferner sind wir, damit wir uns nicht gegen Gott versündigen, gelehrt worden, daß auch das Aussetzen der Neugeborenen ein Werk böser Menschen sei, und man lehrte uns, dass wir niemand Leid zufügen dürfen, schon darum, weil wir sehen, daß sie fast alle, nicht nur die Mädchen, sondern auch die Knaben, zur Unzucht angeleitet werden. Und wenn man aus früherer Zeit nur von der Aufzucht von Rindern, Ziegen, Schafen und Pferden auf der Weide weiß, so hält man jetzt auch Kinder zu rein unzüchtigen Zwecken; dementsprechend steht bei jedem Volke eine ganze Menge von Weibern, Mannweibern und Schandkerlen zu dieser Ruchlosigkeit bereit. Und von denen zieht ihr Miete, Steuern und Zölle ein, statt sie aus eurem Reiche auszurotten.[166] Und wer sich mit diesen abgibt, verkehrt möglicherweise, auch abgesehen davon, daß die Beiwohnung gottlos, sündhaft und schamlos ist, mit seinem eigenen Kinde oder Verwandten oder Bruder. Manche geben sogar ihre eigenen Kinder und Gattinnen [der Prostitution] preis, andere entmannen vor aller Welt sich selbst zu unzüchtigen Zwecken und führen diese Geheimnisse auch noch auf die Göttermutter zurück.[167] Endlich findet sich neben jeder eurer vermeintlichen Gottheiten eine Schlange als bedeutungsvolles Sinnbild und Geheimnis dargestellt.[168] Und was bei euch öffentlich in Übung und Achtung steht, das schreibt ihr uns zu, als täten wir es nach Umstürzen des Lichtes im Dunkeln. Das bringt uns, die wir von solchem Tun weit entfernt sind, keinen Schaden, wohl aber denen, die es tun und dazu noch falsches Zeugnis gegen uns ablegen.

---

166 Der Staat duldet Unzucht und Prostitution, weil er daran Geld verdient.
167 Gemeint sind die Priester der phrygischen Göttermutter Kybele, die sich an deren Festen in fanatischer Raserei ihre Genitalien abschnitten.
168 Die Schlange ist für Christen Sinnbild des Bösen (Mt 12,34; Röm 3,13).

XXVIII
Der Aufschub der göttlichen Strafgerichte auf das Weltende ist um der Menschen willen

Bei uns wird nämlich das Oberhaupt der bösen Dämonen Schlange, Satan und Verleumder genannt, wie ihr, wenn ihr nachforschen wollt, in unsern Schriften finden könnt.[169] Daß dieser mit seiner Heerschar und den ihm anhangenden Menschen ins Feuer werde geworfen werden zu ewig dauernder Bestrafung, hat Christus vorhergesagt[170]. Und der Aufschub, daß Gott dies noch nicht getan hat, ist um des Menschengeschlechtes willen eingetreten, denn Er sieht vorher, daß einige infolge ihrer Buße noch Rettung finden werden, andere[171] wohl noch gar nicht geboren sind. Und Er hat von Anbeginn das Menschengeschlecht mit Vernunft begabt und mit der Fähigkeit geschaffen, das Wahre zu erwählen und das Gute zu tun, so daß die Menschen samt und sonders vor Gott keine Entschuldigung haben[172], weil sie als vernünftige und erkenntnisfähige Wesen auf die Welt gekommen sind. Wer aber glaubt, Gott kümmere sich um die Menschen nicht, der leugnet entweder indirekt Sein Dasein oder er sagt, wenn Er existiere, habe Er Freude am Bösen oder verharre in Ruhe wie ein Stein, Tugend und Laster seien leere Begriffe und es sei nur ein Wahn, wenn die Menschen das eine für gut, das andere für böse halten; das ist freilich die größte Ruchlosigkeit, die gedacht werden kann.

---

169 Gen 3,1ff; Offb 12,9. 20,2.

170 Die Lehre, daß die menschlichen Seelen sofort nach dem Tode in den Himmel kommen, hält Justin für häretisch, weil damit die Auferstehung geleugnet werde (dial. c. 80).

171 die gerettet werden. Justin lehrt keine Vorherbestimmung, wie viele griech. Philosophen und Irrlehrer, sondern eine Vorhersehung Gottes.

172 Damit bezeugt Justin den freien Willen der Menschen. Vgl. Röm 1.

XXIX
Sittliche Hoheit der Christen

Und ferner ist zu befürchten, daß eines von den ausgesetzten Kindern, wenn es nicht aufgehoben wird, umkommt und wir so Mörder werden. Wir sind vielmehr von vornherein entweder einzig zu dem Zwecke, Kinder aufzuziehen, eine Ehe eingegangen, oder wir haben auf das Heiraten verzichtet und bleiben völlig enthaltsam. Um euch die Gewißheit zu geben, daß die zügellose Ausschweifung nicht ein geheimer Bestandteil unserer Religion ist [nenne ich noch folgendes]: Es hat einmal einer der Unsrigen in Alexandrien an den Statthalter Felix eine Bittschrift gerichtet, mit dem Ersuchen, seinem Arzte zu erlauben, ihm die Hoden zu nehmen; denn die dortigen Ärzte erklärten, ohne Genehmigung des Statthalters dürften sie dies nicht tun. Und als Felix unter keiner Bedingung unterschreiben wollte, blieb der Jüngling ledig und gab sich mit seinem und seiner Gesinnungsgenossen Bewußtsein zufrieden. Bei dieser Gelegenheit halten wir es für nicht unangebracht, des Antinous[173] zu gedenken, der noch in unserer Zeit gelebt hat; diesen als Gott zu verehren, erklärten sich alle aus Furcht bereit, obschon sie wußten, wer er war und wie er emporgekommen war.

---

[173] Der Jüngling Antinoos (lat. Antinous), der dem Kaiser Hadrian als Instrument der Knabenliebe (Pädophilie) gedient hatte, weihte sich für diesen dem Tode. Der Kaiser ließ ihm in seiner Trauer Tempel und Standbilder errichten und jährliche Festspiele veranstalten. Für eine hinreichende Darstellung der berüchtigten Geschichte, auf die hier angespielt wird, sowie der übertriebenen Trauer Hadrians und der Unterwürfigkeit des Volkes, siehe Smiths Dictionary of Biography: „Antinous." Hier tun sich Abgründe auf und können wir vielleicht die trotzige Unerschrockenheit des beißenden Sarkasmus ermessen, der an die „Philosophen" gerichtet ist, mit deren klingenden Namen diese Apologie beginnt.

XXX
Beweis für die Gottheit aus den Weissagungen der Propheten

Damit aber niemand uns entgegenhalte: „Was steht im Wege, daß nicht auch der, den wir Christus nennen, als Mensch von Menschen geboren, durch Zauberkunst die Wundertaten vollbracht hat, die wir ihm zuschreiben, und daß man deswegen geglaubt hat, er sei Gottes Sohn?" so wollen wir nunmehr den Beweis führen, wobei wir uns nicht auf bloße Behaupten verlassen, sondern uns notwendigerweise von denen überzeugen lassen, welche von Ihm vorhergesagt haben, ehe Er geboren wurde, weil wir mit Augen die Prophezeiungen erfüllt oder sich erfüllen sehen[174], eine Beweisführung, die, wie wir glauben, auch euch als die sicherste und richtigste erscheinen wird.[175]

---

174 Ähnlich sagt Laktanz (inst. div. V 3): „Er wirkte Wunder, und wir würden ihn für einen Magier halten, wie ihr es jetzt tut und die Juden es damals taten, wenn nicht alle Propheten es einmütig vorher verkündet hätten, daß er gerade sie wirken werde."

175 Für Gott ist die richtige Beweisführung die durch Augen- und Ohrenzeugen. Das verankerte Er in der Heiligen Schrift (Dtn 17,6-7. 19,15;) und so führte Sein Sohn stets Beweisführungen (Mt 18,16; Joh 5,32; Offb 1,5) und machte Seine Jünger zu Zeugen (Lk 24,48; Joh 1,34. 19,35; Apg 1,8. 2,32. 3,15. 5,32). Diese Art der Beweisführung galt noch zur Zeit der frühen Christen im Römischen Reich als überzeugend und sollte bis heute bei Christen immer so geschehen (2.Kor 13,1; 1.Tim 5,19; Hebr 10,28). Die sicherste und richtigste Beweisführung aber ist, wie Justin ins Treffen führt, jene, die sich auf Prophezeiungen (die Jahrhunderte oder Jahrtausende vorher von Propheten Gottes aufgeschrieben wurden) stützt, und in dem Moment, wo sie eintreffen, sich bewahrheitet. Die Erfüllung der Prophezeiungen wird durch Zeugen bestätigt. Das dient nicht nur zur Unterscheidung von richtigen und falschen Propheten (Dtn 13,2ff), sondern zieht sich im Falle von Jesus zum Beweis, dass Er wirklich Gottes Sohn und der vorhergesagte Christus (Messias) ist, als roter Faden durch die vier Evangelien und die Apostelgeschichte.

XXXI
Die Propheten. Entstehung der Septuaginta

Es sind also bei den Juden einzelne Männer als Propheten Gottes aufgetreten, durch die der prophetische Geist die Dinge der Zukunft, ehe sie wirklich eintrafen, vorherverkündet hat. Und die bei den Juden jedesmal regierenden Könige haben die Weissagungen, die von den Propheten selbst in genauem Wortlaut und in ihrer hebräischen Muttersprache schriftlich aufgezeichnet worden waren, in ihren Besitz gebracht und sorgfältig aufbewahrt. Als aber der ägyptische König Ptolemäus eine Bibliothek einrichtete und die Schriftwerke aus aller Welt zusammenzubringen suchte, erfuhr er auch von diesen Prophezeiungen und wandte sich an den damaligen Judenkönig Herodes[176] mit der Bitte, ihm die prophetischen Bücher zu übersenden. Und der König Herodes schickte sie ihm, geschrieben in der obengenannten hebräischen Sprache. Weil aber ihr Inhalt den Ägyptern nicht verständlich war, ließ er ihn durch eine neue Gesandtschaft ersuchen, ihm Männer zu senden, die sie ins Griechische übertragen sollten.[177] Das geschah, und nun blieben die Bücher auch bei den Ägyptern bis auf den heutigen Tag; außerdem befinden sie sich allerorten bei allen Juden, die aber, wenn sie darin lesen, ihren Sinn nicht verstehen; vielmehr halten sie uns für Gegner und Feinde und suchen uns, wenn sie können, gerade wie ihr zu töten und zu peinigen.[178]

---

176 Ptolemäus wandte sich eigentlich an den Hohenpriester Eleazar. Einige schreiben diesen Fehler in der Chronologie Justin zu, andere seinen Schreibern, denn es ist kaum vorstellbar, dass der weitgereiste, hochgebildete Justin so einen Fehler begangen haben konnte.

177 Justin erzählt hier die Entstehung der LXX nach dem Brief des Aristeas, ganz wie Philon (vita Moysis 2,5) und Josephus (ant. 12,2,2 ff.).

178 Von dem großen Hass der Juden gegen die Christen spricht Justin öfter, s. XXXVI und DialTryph c. 110. Vgl. Apg 13,45.50. 14,2.19, 17,5 u.v.a.

Davon könnt ihr euch überzeugen; denn in dem unlängst ge-
führten jüdischen Kriege hat Barchochebas, der Anführer des
jüdischen Aufstandes, die Christen allein zu schrecklichen
Martern hinschleppen lassen, wenn sie Jesus Christus nicht
verleugneten und lästerten.

In den Büchern der Propheten finden wir nun vorherverkün-
digt, daß Jesus, unser Christus, in die Welt kommen, von einer
Jungfrau geboren, zum Manne herangewachsen, jede Krankheit
und jede Schwachheit heilen und Tote auferwecken werde, daß
Er gehaßt, verkannt und gekreuzigt werden, sterben, auferste-
hen und in den Himmel auffahren werde, daß Er Sohn Gottes
sei und heiße, daß von Ihm zu allen Völkern Sendboten mit
dieser Botschaft geschickt und daß die Menschen aus den Hei-
denvölkern mehr[179] an Ihn glauben werden. Es wurde das teils
5000, teils 3000, teils 2000, 1000 und 800 Jahre vor seiner An-
kunft vorher verkündet;[180] denn, wie die Geschlechter aufeinan-
der folgten, traten immer neue Propheten auf.

---

179 d.h. mehr als die Juden.

180 Obschon Justin im Anfang von K. XXXII sagt, daß Moses der erste der
   Propheten war, und obschon er in K. XXXI bemerkt, daß die Propheten
   selbst ihre Weissagungen aufgeschrieben haben, hat er doch vielleicht
   bei Angabe der Zahl 5000 an Adam gedacht, nämlich an sein Wort: „Das
   ist nun Fleisch von meinem Fleisch" usw. (Gen 2,23); vgl. Tert. de ani-
   ma c. 11: Adam statim prophetavit magnum illud sacramentum in Chris-
   tum et ecclesiam.

XXXII
Weissagung des Patriarchen Jakob über Christus

M oses, der erste der Propheten, sprach wörtlich also: „Nicht wird fehlen ein Herrscher aus Juda noch ein Führer aus seinen Lenden, bis der kommt, dem es vorbehalten ist. Dieser wird sein die Erwartung der Völker; er bindet an einen Weinstock sein Füllen und wäscht im Blute der Traube sein Gewand."[181] Es muß euch nun interessieren, genau zu erforschen und festzustellen, bis wann die Juden einen einheimischen Herrscher und König gehabt haben. Das war der Fall bis zur Erscheinung Jesu Christi, unseres Lehrers und des Auslegers der unverstandenen Prophezeiungen, wie es denn von dem göttlichen, heiligen, prophetischen Geiste durch Moses vorhergesagt wurde, ein Herrscher aus dem Judenvolk werde nicht fehlen, bis der komme, dem es vorbehalten sei, nämlich das Königtum. Denn Juda war der Ahnherr der Juden, von dem sie auch den Namen Juden erhalten haben. Nachdem Christus erschienen war, ging das Königtum der Juden und die Herrschaft über ihr ganzes Land auf euch[182] über.

Jenes aber: „Er wird die Erwartung der Völker sein" sollte andeuten, daß man unter allen Völkern seine Wiederkunft erwarten werde, was ihr mit Augen sehen und wovon ihr euch durch die Tat überzeugen könnt. Warten doch Leute aus allen Nationen auf den in Judäa Gekreuzigten, nach dessen Auftreten sofort das Land der Juden von euch erobert und unterjocht wurde. Jener Satz aber: „Er bindet an den Weinstock sein Füllen und wäscht sein Gewand im Blute der Traube" sollte sinnbildlich andeuten, was Christus erleben und was er vollbringen

---

181 Gen 49,10f. Bei Zitaten aus dem Alten Testamente folgt Justin der LXX, allerdings auswendig frei zitierend; wie üblich bei den frühen Christen.
182 Die Römer.

werde. Denn ein Eselsfüllen stand am Eingange eines Dorfes, an einen Weinstock[183] angebunden, und das befahl Er seinen Jüngern Ihm zuzuführen, und als es Ihm zugeführt war, bestieg Er es, setzte sich darauf und zog in Jerusalem ein, wo das Hauptheiligtum der Juden war, das später von euch zerstört wurde. Und hernach wurde Er gekreuzigt, damit auch der übrige Teil der Weissagung erfüllt werde. Denn das Wort „Er wäscht sein Gewand im Blute der Traube" deutete im voraus das Leiden an, das Er erdulden sollte, um durch Sein Blut die zu reinigen, die an Ihn glauben. Denn das Gewand, von dem, der göttliche Geist durch den Propheten spricht, das sind die an ihn glaubenden Menschen, in denen der Same aus Gott, der Logos, wohnt. Der Ausdruck aber „Blut der Traube" deutet an, daß der künftig Erscheinende zwar Blut haben werde, aber nicht aus menschlichem Samen, sondern aus göttlicher Kraft. Es ist aber der Logos die erste Kraft nach Gott, dem Vater des Alls, und Sein Sohn; auf welche Weise Er Fleisch geworden und als Mensch geboren worden ist, werden wir im folgenden zeigen. Denn wie der Traube Blut nicht ein Mensch, sondern Gott geschaffen hat, ebenso sollte dieses Sein Blut als nicht aus menschlichem Samen, sondern aus der Kraft Gottes hervorgehend angedeutet werden. Und Isaias, ein anderer Prophet, hat dasselbe mit andern Worten vorhergesagt, also sprechend: „Aufgehen wird ein Stern aus Jakob und eine Blume wird aufsprießen aus der Wurzel Jessai, und auf seinen Arm werden die Völker hoffen"[184]. Ein glänzender Stern ist wirklich aufgegangen und eine Blume ist aufgesproßt aus der Wurzel Jessai, das ist der Christus. Denn Er wurde aus einer Jungfrau aus dem Samen Jakobs, des Vaters Judas, des schon genannten Stammvaters der Juden, durch Gottes Kraft geboren, und Sein Ahnherr ist auch, wie der Spruch sagt, Jessai gewesen, der nach seinem Stammbaum ein Nachkomme Jakobs und Judas war.

---

183 Dieses Detail steht in keinem Evangelium und können nur jene wissen, die mündlich unterrichtet wurden von den Augenzeugen.

184 Num 24,17 und Isa 11,1.10.

XXXIII
Weissagung des Isaias über die Geburt Jesu aus einer Jungfrau

Und nun hört, wie Wort für Wort Seine Geburt aus einer Jungfrau durch Isaias geweissagt worden ist. Es heißt nämlich: „Siehe, die Jungfrau wird im Schoße tragen und einen Sohn gebären, und man wird seinen Namen nennen: Gott mit uns."[185] Was nämlich unglaublich war und bei den Menschen für unmöglich gehalten wurde, das hat Gott durch den prophetischen Geist als zukünftig eintretend vorhergesagt, damit es, wenn es geschähe, nicht angezweifelt, sondern geglaubt werde, eben weil es vorhergesagt war.[186]

Damit aber niemand aus Mißverständnis der genannten Weissagung uns vorwerfe, was wir den Dichtern vorwerfen, wenn sie erzählen, Zeus sei aus Liebeslust zu Weibern gekommen, so wollen wir die Worte zu erklären versuchen. Das „Siehe die Jungfrau wird im Schoße tragen" bedeutet, daß die Jungfrau ohne Beiwohnung empfangen werde; denn hatte irgendeiner ihr beigewohnt, dann war sie keine Jungfrau mehr; vielmehr kam die Kraft Gottes[187] über die Jungfrau, beschattete sie und bewirkte, daß sie, obgleich sie Jungfrau war, schwanger wurde. Und der damals zu eben dieser Jungfrau gesandte Engel Gottes brachte ihr diese frohe Botschaft, indem er sprach: „Siehe, du wirst im Schoße vom Heiligen Geiste empfangen und einen Sohn gebären und er wird Sohn des Allerhöchsten genannt werden[188], und du sollst ihm den Namen Jesus geben, denn er wird sein Volk retten von seinen Sünden"[189], wie die berichtet

---

[185] Isa 7,14
[186] Vgl. Joh 14,29.
[187] Lk 1,35.
[188] Lk 1,31f.
[189] Mt 1,21.

haben, welche alles auf unsern Retter Jesus Christus Bezügliche aufgezeichnet haben. Diesen haben wir Glauben geschenkt, weil auch der prophetische Geist durch den obengenannten Isaias verkündet hatte, daß Er so werde geboren werden, wie wir oben angegeben haben.

Daß man nun unter dem Geiste und der Kraft Gottes nichts anderes verstehen darf als den Logos, der Gottes Eingeborener ist, hat der vorhin genannte Prophet Moses angedeutet.[190] Und als dieser Geist auf die Jungfrau kam und sie überschattete, hat Er nicht durch Beiwohnung, sondern durch Seine Kraft bewirkt, daß sie schwanger wurde. Und der Name Jesus in hebräischer Sprache bedeutet Soter (Retter) im Griechischen; darum sprach auch der Engel zur Jungfrau: „Du sollst ihm den Namen Jesus geben, denn er wird sein Volk erretten von seinen Sünden".[191] Daß aber die Weissagenden durch keinen andern Einsprechungen erhalten als durch den göttlichen Logos, werdet auch ihr, wie ich annehme, zugestehen.

---

[190] Die Auffassung, dass unter dem Heiligen Geist und der Kraft Gottes, die auf die Jungfrau Maria herabkamen, der Logos selbst zu verstehen sei, war in der frühesten Kirche die gewöhnliche; vgl. neben der obigen Stelle Justin 1.Apol. XLVI, ferner Tert. adv. Prax. c. 26 und Clemens von Alexandria, Strom V 3,16.

[191] Mt 1,21.

XXXIV
Bethlehem, der Geburtsort des Christus

Höret nun, wie Michaias, ein anderer Prophet, seinen Geburtsort vorhergesagt hat. Er sagte nämlich[192]: „Und du Bethlehem im Lande Juda bist keineswegs die geringste unter den Fürstenstädten Judas; denn aus dir wird ein Führer hervorgehen, der mein Volk weiden wird." Es ist das eine Ortschaft im jüdischen Lande, 35 Stadien von Jerusalem entfernt, in der Jesus Christus geboren wurde, wie ihr auch aus den Zensuslisten ersehen könnt, die unter Quirinius, eurem ersten Landpfleger in Judäa[193] , angefertigt worden sind.

---

192 Mich 5,2.
193 Lk 2,2; Josephus, Altertümer 18,1,1.

XXXV
Weissagungen über das öffentliche Leben und den Tod Christi

Daß aber Christus von Seiner Geburt bis zu Seinem Mannesalter der übrigen Welt unbekannt bleiben sollte, wie Er es auch geblieben ist, auch darüber höret eine Weissagung. Sie lautet: „Ein Kindlein ist uns geboren und ein Jüngling ist uns geschenkt, dessen Herrschaft ruht auf seinen Schultern",[194] eine Andeutung der Macht des Kreuzes, an das Er angenagelt Seine Schultern legte, wie im Verlaufe der Erzählung noch deutlicher wird gezeigt werden.

Und wiederum hat derselbe Prophet Isaias unter Eingebung des prophetischen Geistes gesagt: „Ich streckte meine Hände aus nach einem ungehorsamen und widersprechenden Volke, nach Leuten, die nicht auf gutem Wege wandeln; jetzt fordern sie von mir Recht und wagen es, Gott zu nahen".[195]

Und wiederum sagt Er an anderer Stelle durch einen andern Propheten: „Sie haben meine Füße und Hände durchbohrt und über mein Gewand das Los geworfen".[196] Nun hat der König und Prophet David, der da gesprochen hat, nichts von all dem gelitten, wohl aber hat Jesus Christus Seine Hände ausbreiten müssen, als Er von den Juden gekreuzigt wurde, die Ihm widersprachen und behaupteten, Er sei nicht Christus; denn sie haben, wie der Prophet es gesagt hat, Ihn höhnend auf einen erhöhten Sitz gesetzt und gesagt: Richte uns![197]

194　Isa 9,6.

195　Isa 65,2; 58,2.

196　Ps 21,17.19.

197　Das steht nicht in den vier kanonischen Evangelien, wohl aber in dem apokryphen Petrusevangelium, wo es heißt: „Sie legten ihm einen Purpurmantel um, setzten ihn auf einen Richterstuhl und sprachen: Richte gerecht, König Israels!" (Rauschen, Florilegium patr. 3,49).

Die Worte aber: „Sie haben meine Hände und Füße durchbohrt" deuten auf die Nägel hin, die Ihm am Kreuze durch Hände und Füße getrieben wurden. Und nachdem sie Ihn gekreuzigt hatten, warfen die, welche Ihn gekreuzigt hatten, über Seine Kleidung das Los und teilten sie untereinander. Daß das so geschehen ist, könnt ihr aus den unter Pontius Pilatus angefertigten Akten ersehen. Dafür aber, daß ausdrücklich Sein Ritt auf einem Eselsfüllen und Sein Einzug in Jerusalem vorhergesagt wurden, wollen wir die Weissagungsworte eines andern Propheten, des Zacharias[198], anführen; sie lauten also: „Freu dich sehr, Tochter Sion, künde es laut, Tochter Jerusalem. Siehe, dein König kommt zu dir sanftmütig, sitzend auf einem Esel und auf einem Füllen, dem Jungen eines Lasttieres."

---

[198] Sacharja 9,9.

XXXVI
Zum Verständnis der Prophezeiungen

Wenn ihr jedoch die Worte der Propheten einer Person in den Mund gelegt findet, so dürft ihr sie nicht als von den Inspirierten selbst gesprochen ansehen, sondern von dem sie bewegenden göttlichen Logos. Denn bald verkündet er die Zukunft in der Weise einer Vorausverkündigung, bald aber redet er wie in der Person Gottes, des Herrn und Vaters aller Dinge, bald in der Person Christi, bald wie aus dem Munde von Völkern, die dem Herrn oder seinem Vater antworten. Ähnliches könnt ihr ja auch bei euren Schriftstellern sehen, daß nämlich nur einer der Verfasser des Ganzen ist, während die Personen, die er redend einführt, verschiedene sind. Weil das die Juden, die im Besitze der Schriften der Propheten sind, nicht wahrnehmen,[199] erkannten sie Christus auch nach Seinem Erscheinen nicht, ja sie hassen uns, weil wir sagen, Er sei schon gekommen, und weil wir beweisen, daß Er, wie es vorherverkündigt war, von Ihnen[200] gekreuzigt worden ist.

---

[199] Justin betont immer wieder, dass die Juden zwar die Schriften von Gott haben und kennen, sie aber nicht verstehen, und deswegen Gottes Sohn ablehnten und töteten. Das hat schon Paulus bemerkt und bedauert (2.Kor 3,14-16) und bewegte ihn dazu, dass er in jeder Stadt, wohin er auf seinen Missionsreisen kam, immer die Synagoge aufsuchte und dort die Juden aufzuklären versuchte. Manche ließen sich bekehren, aber die meisten blieben verstockt, wurden zornig und vertrieben Paulus oder versuchten gar ihn zu töten. Die Apostelgeschichte berichtet davon.

[200] Bereits Petrus bewies den Juden in Jerusalem bei seiner Pfingstpredigt diese Wahrheit, dass sie es eigentlich waren, die Jesus töteten. Apg 2,23.

XXXVII
Worte Gottes des Vaters in den Weissagungen

Um euch davon Belege zu geben, so sind in der Person des Vaters durch den genannten Propheten Isaias folgende Worte gesprochen worden: „Es kennt ein Ochse seinen Besitzer und ein Esel die Krippe seines Herrn, Israel aber kennt mich nicht, mein Volk hat mich nicht begriffen. Wehe dir, sündige Völkerschaft, ein Volk voll von Sünden, böser Same, gesetzlose Söhne, ihr habt den Herrn verlassen!"[201]

Und wiederum an einer andern Stelle, wo derselbe Prophet in gleicher Weise in der Person des Vaters spricht: „Was für ein Haus wollt ihr mir bauen? spricht der Herr. Der Himmel ist mein Thron und die Erde der Schemel meiner Füße".[202]

Und wiederum anderswo: „Eure Neumonde und Sabbate haßt meine Seele, den großen Fast- und Ruhetag ertrage ich nicht mehr und auch, wenn ihr vor mein Angesicht tretet, werde ich euch nicht erhören. Voll Blut sind eure Hände. Und wenn ihr mir Weizenmehl und Räucherwerk bringt, es ist mir ein Gräuel. Fett von Lämmern und Blut von Rindern mag ich nicht. Denn wer hat das von euren Händen gefordert? Aber löse auf jedes Band der Ungerechtigkeit, zerreiße die Schlingen erzwungener Verträge, gib dem Obdachlosen Herberge und bedecke den Nackten, brich dem Hungrigen dein Brot!"[203]

Welche Lehren also von den Propheten im Namen Gottes gegeben werden, könnt ihr hieraus erkennen.

---

201 Isa 1,3 f.
202 Isa 66,1.
203 Isa 31,11-15.

XXXVIII

Andere Beispiele, wie der Sohn Gottes bei den Propheten spricht

W enn aber der prophetische Geist in der Person Christi redet, läßt er sich also vernehmen: „Ich streckte meine Hände aus nach einem ungehorsamen und widersprechenden Volke, nach Leuten, die auf nicht guten Wegen wandeln."[204]

Und wiederum: „Meinen Rücken gab ich zu Geißelhieben und meine Wangen zu Backenstreichen hin und wandte mein Antlitz nicht ab von der Schmach der Anspeiungen. Und der Herr ward mein Helfer, darum wankte ich nicht, sondern hielt mein Antlitz hin wie einen harten Stein und ich erkannte, daß ich nimmer zuschanden werde, weil nahe ist, der mir Recht verschafft."[205]

Und wieder, wenn Er spricht: „Sie haben über mein Gewand das Los geworfen und meine Füße und Hände durchbohrt.[206] Ich aber schlief ein, schlummerte und bin wieder aufgestanden, weil der Herr sich meiner angenommen hat."[207]

Und wiederum, wenn er sagt: „Sie schwätzten mit den Lippen, schüttelten den Kopf und sagten: Er mag sich selber helfen."[208]

Daß dies alles von Christus den Juden widerfahren ist, könnt ihr wissen; denn als Er gekreuzigt war, verzogen sie die Lippen, schüttelten die Köpfe und sagten: „Der Tote erwecket hat, helfe sich selber!"[209]

---

[204] Isa 65,2.
[205] Isa 50,6-8.
[206] Ps 21,19.17.
[207] Ps 3,6.
[208] Ps 21,8f.
[209] Mt 27,39-42.

XXXIX
Die Friedensmission im Alten Testament geweissagt

Wenn aber der prophetische Geist als Verkünder der Zukunft sich vernehmen läßt, sagt er also: „Von Sion wird ausgehen das Gesetz, und das Wort des Herrn von Jerusalem, und er wird richten mitten unter Nationen und viel Volk zurechtweisen; und sie werden ihre Schwerter zu Pflugscharen und ihre Lanzen zu Sicheln umschmieden, und sie werden nicht mehr Volk gegen Volk zum Schwerte greifen und werden den Krieg verlernen."[210]

Und daß das eingetroffen ist, davon könnt ihr euch überzeugen; denn von Jerusalem gingen Männer aus in die Welt, zwölf an der Zahl, ganz ungebildet und der Rede nicht mächtig; aber durch die Kraft Gottes haben sie dem ganzen Menschengeschlechte gezeigt, daß sie von Christus gesandt waren, allen das Wort Gottes zu predigen. Und wir, die wir einst einander mordeten, enthalten uns jetzt nicht nur jeder Feindseligkeit gegen unsere Gegner, sondern wir gehen, um nicht zu lügen und die Untersuchungsrichter nicht zu täuschen, auch freudig für das Bekenntnis Christi in den Tod. Wir könnten ja in einem solchen Falle nach dem Spruche verfahren: „Die Zunge schwur, doch unvereidigt ist das Herz"[211]; allein es wäre zum Lachen; denn wenn schon die von euch verpflichteten und in Dienst genommenen Soldaten das euch geleistete Gelöbnis höher achten als ihr Leben, ihre Eltern, ihre Heimat und alle ihre Angehörigen, obschon ihr ihnen nichts Unvergängliches bieten könnt, um wie viel mehr müssen wir, die nach Unvergänglichem trachten, alles auf uns nehmen, um das Ersehnte von dem zu erhalten, der die Macht hat, es zu geben?

---

210 Isa 2,3 f.
211 Euripides, Hippolytos v. 607.

XL
Weissagungen über die Apostel und Lehrer

Höret nun auch, wie über die Verkünder seiner Lehre und die Herolde[212] seines Erscheinens geweissagt wurde. Der vorhin genannte Prophet und König sprach auf Eingebung des prophetischen Geistes also: „Der eine Tag ruft dem andern die Kunde zu und die eine Nacht gibt der anderen Kenntnis; das sind nicht Sprachen noch Reden, deren Stimmen man nicht vernähme; über die ganze Erde ging aus ihr Schall und bis zu den Grenzen der Erde ihre Worte. In der Sonne hat er sein Zelt aufgeschlagen und sie, wie ein Bräutigam aus ihrer Kammer hervortretend, freut sich, wie ein Riese ihre Bahn zu durchlaufen."[213]

Hieran noch andere Prophetenworte desselben David zu reihen, halten wir für gut und angemessen, weil ihr daraus ersehen könnt, wie der prophetische Geist die Menschen zu leben ermahnt und wie er auf den Bund hinweist, der zwischen dem Judenkönig Herodes nebst den Juden selbst und eurem damaligen Statthalter Pilatus samt seinen Kriegsleuten gegen Christus geschlossen wurde, daß ferner Angehörige aller Menschenklassen an Ihn glauben würden, sowie daß Gott Ihn Sohn nennt und Ihm alle Feinde zu unterwerfen versprochen hat, und wie die Dämonen, soweit sie können, der Gewalt Gottes, des Vaters und Herrn aller Dinge, und auch Christi sich zu entziehen suchen, und wie endlich Gott alle Menschen zur Buße ruft, ehe der Tag des Gerichtes kommt. Die Worte lauten:

„Heil dem Manne, der nicht wandelt nach dem Rate der Gottlosen, nicht steht auf dem Wege der Sünder und nicht sitzt auf dem Lehrstuhle des Verderbens, sondern seine Lust hat am Gesetze des Herrn und darin forscht Tag und Nacht. Er wird

---

212 Daraus wurde das Wort Prediger. Prediger sind Herolde Gottes.
213 Ps 18,3-6.

sein wie der an Wasserläufen gepflanzte Baum, der seine Frucht spendet zu seiner Zeit, dessen Laub nicht abfällt; alles, was er unternimmt, wird gedeihen. Nicht so die Gottlosen, nicht so, sondern wie Spreu, die der Wind vom Angesichte der Erde wegfegt. Darum werden Gottlose im Gerichte nicht bestehen noch Sünder im Rate der Gerechten; denn der Herr kennt den Weg der Gerechten und der Weg der Gottlosen wird sich verlieren.[214]

Warum sollen Heiden und Völker ersinnen Eitles? Die Völker der Erde stehen auf, versammeln sich gegen den Herrn und gegen seinen Gesalbten, indem sie sprechen: Lasset uns zerreißen ihre Bande und abwerfen von uns ihr Joch! Der im Himmel wohnt, wird ihrer lachen und der Herr wird ihrer spotten; dann wird er zu ihnen reden in seinem Zorne und in seinem Grimme wird er sie verwirren. Ich aber bin als König von ihm bestellt über Zion seinen heiligen Berg, als Verkünder des Gesetzes des Herrn. Der Herr sprach zu mir: Mein Sohn bist du, heute habe ich dich gezeugt. Fordere von mir und ich werde dir geben Völker zu deinem Erbe und zu deinem Besitze die Grenzen der Erde; du sollst sie weiden mit eisernem Stabe und wie Töpfergeschirre sie zerbrechen. Und nun, ihr Könige, seid verständig, laßt euch belehren alle, die ihr richtet auf Erden! Dienet dem Herrn in Furcht und jauchzet ihm zu mit Zittern! Nehmet Zucht an, damit nicht etwa der Herr erzürne und ihr vom rechten Wege ins Verderben geht, wenn in Bälde sein Grimm entbrennt. Glücklich alle, die auf ihn vertrauen!"[215]

---

214 Das ist der komplette Psalm 1 nach der Septuaginta. Es folgt nathlos:
215 Der komplette Psalm 2, natürlich ebenso nach der LXX.

XLI
Weissagung über die Herrschaft Christi

Und wieder in einer andern Weissagung kündet der prophetische Geist durch denselben David an, daß Christus nach Seiner Kreuzigung als König herrschen wird; er spricht also:

„Singet dem Herrn alle Welt und verkündet Tag um Tag seine Hülfe; denn groß ist der Herr und überaus lobwürdig, furchtbar mehr denn alle Götter; denn alle Götter der Heiden sind nur Trugbilder von Dämonen, Gott aber hat die Himmel gemacht, Ruhm und Ehre vor seinem Angesichte, Macht und Jubel an der Stätte seines Heiligtums; gebet dem Herrn, dem Vater der Zeiten, Ehre! Bringet Dank, tretet vor sein Antlitz und betet an in seinen heiligen Hallen! Es fürchte sich vor seinem Antlitz die ganze Erde, sie richte sich auf und wanke nicht! Freude soll herrschen unter den Heiden: der Herr ist Herrscher geworden" vom Holze her![216]

---

[216] Ps 95,1-10; 1.Chron 16,23-31. Die Schlußworte „vom Holze her" (ἀπὸ τοῦ ξύλου), die für die messianische Bedeutung des Psalms ausschlaggebend sind, finden sich in unseren heutigen Abschriften weder im Griechischen (LXX) noch Hebräischen (MT) Grundtext, ausgenommen allein R. u. Psalterium Veronese sowie einige sehr alte Papyri. Justin hat den Juden vorgeworfen, sie auszulöschen: *1. Aus Davids fünfundneunzigstem Psalme haben sie die kurze Bemerkung ,von dem Holze' entfernt. Denn von den Worten: ,Saget es unter den Heiden: der Herr ist König geworden vom Holze her' haben sie noch übrig gelassen: „Saget es unter den Heiden: der Herr ist König geworden."* (DialTryph 73,1). Da aber viele lateinische Väter, mit Tertullian anfangend, sie kennen, so ist tatsächlich glaubhaft, daß der Psalm 95 in der frühen Kirche noch vollständig war und die Löschung dieser drei Worte später erfolgte. Das deutet auch die Septuaginta Deutsch in ihrer Fußnote an der Stelle an.

XLII
Manchmal wird von den Propheten Künftiges als schon geschehen erzählt

In welchem Falle aber der prophetische Geist das Zukünftige als schon geschehen darstellt, wofür man auch in dem Mitgeteilten Belege finden kann, wollen wir nun auch angeben, damit unsere Leser keine Entschuldigung haben.

Als bereits eingetreten kündigt Er das an, dessen künftiges Eintreten unbedingt feststeht; damit ihr aber sehet, daß die Sache so verstanden werden muß, achtet genau auf das, was ich jetzt sage. David hat 1500 Jahre[217], bevor Christus nach Seiner Menschwerdung gekreuzigt wurde, die vorhin erwähnten Worte gesprochen. Nun hat aber kein Gekreuzigter vor Ihm und auch keiner nach Ihm den Völkern Freude gebracht. Wohl aber ist der in unserer Zeit gekreuzigte und gestorbene Jesus Christus wieder auferstanden, zum Himmel aufgefahren und König geworden, und über das, was in Seinem Namen von den Aposteln unter allen Völkern gepredigt wurde, herrscht Freude bei denen, die der von Ihm angekündigten Unvergänglichkeit entgegensehen.

---

[217] Justin will hier keine exakte Zeitangabe für Davids Lebenszeit geben, sondern rhetorisch ausdrücken, dass ein gutes Jahrtausend vor der Erfüllung schon in der Vergangenheitsform geschrieben werden kann bei Gott. Die Zeitangaben im Alten Testament unterscheiden sich übrigens an vielen Stellen in der Septuaginta deutlich vom heutigen Hebräischen Masoretentext, der kleinere Zahlen hat, weswegen heutige Lehrer, die den MT verwenden, zu kürzeren Zeiten kommen als die frühchristlichen Lehrer mit den größeren Zahlen der LXX.

XLIII
Erst freier Wille ergibt Verantwortlichkeit

Damit aber niemand aus dem vorher von uns Gesagten den Schluß ziehe, wir behaupten, daß das, was geschieht, nach der Notwendigkeit des Verhängnisses[218] geschehe, weil wir ja vorhin bemerkten, es sei vorhergewußt, so wollen wir auch diese Schwierigkeit lösen.

Daß die Strafen und Züchtigungen wie auch die Belohnungen nach dem Werte der Handlungen eines jeden zugeteilt werden, darüber sind wir von den Propheten belehrt worden und verkünden es als wahr. Wenn das nicht der Fall wäre, sondern alles nach einem Verhängnisse geschähe, so gäbe es gar keine Verantwortlichkeit; denn wenn es vom Schicksale bestimmt ist, daß dieser gut und jener schlecht ist, so ist der eine so wenig zu loben als der andere zu tadeln.

Und wiederum: Wenn das Menschengeschlecht nicht das Vermögen hat, aus freier Wahl das Schändliche zu fliehen und sich für das Gute zu entscheiden, so ist es unschuldig an allem, was es tut. Daß es aber nach freier Wahl sowohl recht als auch verkehrt handelt, dafür führen wir folgenden Beweis. Man sieht ein und denselben Menschen den Übergang zum Entgegengesetzten machen; wenn es ihm aber vom Schicksale bestimmt wäre, daß er entweder schlecht oder gut ist, so wäre er niemals empfänglich für das Entgegengesetzte und ändert sich nicht so oft. Aber es wären auch nicht einmal die einen gut, die andern schlecht; denn wir müßten sonst erklären, daß das Verhängnis die Ursache des Guten und des Bösen sei und sich selbst widerspreche, oder wir müßten jenen früher erwähnten Satz (K.

---

218 oder Schicksal. Viele griechische und römische Philosophen glaubten, dass alles einem Verhängnis unterworfen sei. Andere benannten eigene Schicksalsgöttinnen - die Moiren bei den Griechen und die Parzen bei den Römern.

XXVIII) für wahr halten, daß Tugend und Laster nichts seien, sondern nur nach der subjektiven Meinung das eine für gut, das andere für schlecht gehalten werde; das wäre aber, wie die wahre Vernunft zeigt, die größte Gottlosigkeit und Ungerechtigkeit.

Wir sehen vielmehr das unentrinnbare Verhängnis darin, daß denen, die das Gute wählen, die entsprechende Belohnung und ebenso denen, die das Gegenteil wählen, die entsprechende Strafe zuteil wird. Denn nicht wie die übrigen Wesen, z. B. die Bäume und die Vierfüßler, die nichts nach freier Wahl zu tun vermögen, hat Gott den Menschen geschaffen; auch verdiente er weder Strafe noch Lohn, wenn er nicht aus sich das Gute wählte, sondern dazu geboren wäre, und ebenso könnte ihn nicht, wenn er böse wäre, mit Recht Strafe treffen, da er nicht aus sich so wäre, sondern nichts anderes sein könnte, als wozu die Natur ihn gemacht hätte.

XLIV
Vorhersehung ist nicht Vorherbestimmung

Es hat uns aber dieses der heilige prophetische Geist gelehrt, der durch Moses bezeugt, Gott habe zu dem ersten Menschen, den er gebildet hatte, also gesprochen: „Siehe, vor deinem Angesichte liegt das Gute und das Böse, wähle das Gute!"[219] Und wiederum ist durch Isaias, den andern Propheten, in der Person Gottes, des Allvaters und Herrn, in gleichem Sinne folgendes gesagt worden: „Waschet euch, werdet rein, schaffet die Bosheiten fort aus euren Seelen, lernet Gutes tun, schaffet Recht der Waise und laßt Recht widerfahren der Witwe, und dann kommt und wir wollen miteinander verhandeln, spricht der Herr. Und wenn eure Sünden sind wie Purpur, ich werde sie weiß machen wie Wolle, und wenn sie sind wie Scharlach, ich werde sie weiß machen wie Schnee. Und wenn ihr wollt und auf mich hört, so sollt ihr das Beste des Landes essen; hört ihr aber nicht auf mich, so wird das Schwert euch verzehren; denn der Mund des Herrn hat dies gesprochen."[220]

Das eben erwähnte Wort: „Das Schwert wird euch verzehren" besagt nicht, daß die Ungehorsamen durchs Schwert getötet werden sollen, sondern das Schwert Gottes ist das Feuer, dem zum Fraße werden die, welche das Böse zu tun wählen; darum sagt er: „Das Schwert wird euch verzehren, denn der Mund des Herrn hat gesprochen." Hätte er aber ein schneidendes und sofort tötendes Schwert gemeint, so hätte er nicht ge-

---

[219] In der Heiligen Schrift spricht Moses diese Worte zum Volk Israel (Dtn 30,19), die frühen Christen lehrten aber offenbar, dass Gott diese Worte bereits zum ersten Menschen (Adam) sprach, was kein Widerspruch, sondern ganz im Gegenteil stimmig ist. Gott spricht auch ermahnend zu Kain und warnt ihn bevor dieser sündigt und seinen Bruder Abel erschlägt (Gen 4,6-7). Im Paradies hatte Adam viel besseren Kontakt zu Gott als nach dem Sündenfall und der Verbannung und sprach sicherlich öfter mit Ihm. Wir wissen aber leider nicht (mehr) genau was.

[220] Isa 1,16-20.

sagt: „Es wird verzehren." Demgemäß hat auch Platon seinen Ausspruch: „Die Schuld fällt auf den Wählenden, Gott ist ohne Schuld"[221] dem Propheten Moses entnommen; denn Moses ist älter als alle griechischen Schriftsteller.[222] Und alles, was Philosophen und Dichter über die Unsterblichkeit der Seele, über die Strafen nach dem Tode, über die Betrachtung der himmlischen Dinge oder über ähnliche Lehren gesagt haben, das haben sie nur auf Grund der von den Propheten empfangenen Anhaltspunkte erfassen können und weiter ausgeführt. Daher kann man wohl bei allen Keime der Wahrheit finden; man kann ihnen aber auch nachweisen, daß sie dieselben nicht genau erfaßt haben, da sie ja einander widersprechen.

Wenn wir also behaupten, zukünftige Begebenheiten seien geweissagt worden, so sagen wir damit nicht, daß sie mit der Notwendigkeit des Verhältnisses sich zutragen; vielmehr liegt die Sache so: Weil Gott die zukünftigen Handlungen aller Menschen vorausweiß und weil es Sein Grundsatz ist, jedem der zukünftigen Menschen nach dem Verdienste seiner Taten zu vergelten, so sagt Er durch den prophetischen Geist vorher, was ihnen nach dem Werte ihrer Handlungen von Seiner Seite begegnen werde, und führt dadurch allezeit das Menschengeschlecht zur Überlegung und Besinnung, indem Er ihm zeigt, daß Er sich um die Menschen kümmert und Vorsorge für sie trifft.[223]

---

221 Republ. X p. 617e.

222 Schon der jüdische Peripatetiker Aristobul (um 150 vor Chr.) erklärt die teilweise Übereinstimmung des jüdischen Gesetzes und der Aussprüche der griechischen Philosophen durch die Behauptung, die griechischen Schriftsteller hätten jüdische Schriften benützt; dasselbe taten der Jude Philon (um 40 n. Chr.) und nach ihm die frühchristlichen Apologeten.

223 Hier führt Justin seinen Lesern den Unterschied zwischen Vorherbestimmung, wie sie die Irrlehrer lehren, und Vorhersehung Gottes, wie sie die Apostel lehrten, vor Augen. Nach den Irrlehren hat der Mensch keine Wahl, weil Gott alles vorherbestimmt hat, und dann ist aber Gott auch an allem schuld, was der Mensch macht. Justin widerlegt das.

Auf Betreiben der bösen Geister aber wurde denen, welche die Bücher des Hystaspes, der Sibylle oder der Propheten lesen, die Todesstrafe bestimmt[224], um durch Furcht die Menschen, welche jene in die Hände bekommen, davon abzuhalten, Kenntnis des Guten aus ihnen zu schöpfen, und um sie so in ihrem Dienste festzuhalten, was sie freilich für immer zu erreichen nicht imstande waren.

Denn nicht nur beschäftigen wir uns furchtlos mit diesen Schriften, sondern, wie ihr seht, bieten wir sie auch euch zum Einsehen an, überzeugt, daß sie jedermanns Zustimmung finden werden. Und sollten wir auch nur wenige überzeugen, so werden wir doch den größten Gewinn machen; denn als gute Bearbeiter Seines Ackers werden wir vom Herrn den Lohn empfangen.

---

224 Kaiser Tiberius verbot unter Todesstrafe, über das Leben des Kaisers oder über politische Angelegenheiten Wahrsagungen einzuholen oder zu erteilen (Jul. Paulus, sent. V 21,3.)

XLV
Prophezeiung über Christi Sitz im Himmel

Daß aber Gott der Allvater Christus nach seiner Auferweckung von den Toten in den Himmel aufnehmen und dort behalten werde, bis Er die ihm feindlichen Dämonen niedergeschlagen habe und voll sei die Zahl derjenigen, die Er als gut und tugendhaft vorauserkannt[225] hat, um derentwillen auch der Weltbrand noch nicht eingetreten ist, darüber hört die Worte des Propheten David. Es sind folgende: „Es sprach der Herr zu meinem Herrn: Setze dich zu meiner Rechten, bis ich deine Feinde zum Schemel deiner Füße gelegt habe. Ein Zepter der Macht wird dir der Herr aus Jerusalem senden und herrsche inmitten deiner Feinde! Dir gehört die Herrschaft am Tage deiner Macht im Glanze deiner Heiligen; aus dem Schoße vor dem Morgenstern habe ich dich gezeugt."[226]

Wenn es heißt: „Ein Zepter der Macht wird dir der Herr aus Jerusalem senden", so ist das eine Vorherverkündigung des mächtigen Logos, den Seine Apostel, von Jerusalem ausgehend, überall gepredigt haben und den wir, wenngleich der Tod über die Lehrer, ja schon über die Bekenner des Namens Christi verhängt ist, allüberall verehren und lehren. Solltet ihr aber auch diese unsere Worte feindselig aufnehmen, so würdet ihr, wie wir oben (II und XI) gesagt haben, nicht mehr vermögen als uns zu töten, was uns keinen Schaden bringt, euch aber und allen, die ungerecht hassen und sich nicht bekehren, ewige Feuerstrafe zuzieht.

---

225 Beachte, Justin schreibt vorauserkannt, nicht vorausbestimmt!
226 Ps 109,1-3. Das ist der meistzitierte Psalm im Neuen Testament!

XLVI

Auch die Menschen vor Christus waren nicht ohne Verantwortung

Unverständige werden, um unsere Lehren zurückweisen zu können, vielleicht einwenden: Da nach unserer Behauptung erst vor 150 Jahren Christus unter Quirinius geboren worden ist und da er das, was wir als seine Lehre ausgeben, noch später unter Pontius Pilatus gelehrt hat, so seien alle Menschen, die vorher lebten, der Verantwortung enthoben. Darum wollen wir im voraus diese Bedenken lösen.

Daß Christus als der Logos, an dem das ganze Menschengeschlecht Anteil erhalten hat, Gottes Erstgeborener ist, das ist eine Lehre, die wir überkommen und euch schon vorher dargelegt haben. Die, welche mit Vernunft[227] lebten, sind Christen, wenn sie auch für gottlos gehalten wurden, wie bei den Griechen Sokrates, Heraklit[228] und andere ihresgleichen, unter den Nichtgriechen Abraham, Ananias, Azarias, Elias und viele andere, deren Taten und Namen aufzuzählen wir jetzt als zu weitläufig unterlassen möchten. Daher waren auch die, welche vorher[229] ohne Vernunft gelebt haben, schlechte Menschen, Feinde Christi und Mörder derer, die mit Vernunft lebten, wohingegen, wer mit Vernunft gelebt hat und noch lebt, Christ ist und ohne Furcht und Unruhe sein kann.

Aus welchem Grunde Er nun durch die Kraft des Logos nach dem Ratschlusse Gottes, des Allvaters und Herrn, durch eine

---

227 Gott appelliert in der Heiligen Schrift immer an die Vernunft und lobt die vernünftigen Menschen, während Er die unvernünftigen tadelt, die sich von ihren Gefühlen (Leidenschaften) leiten lassen. Die Apostel ahmten Gott nach. In diesem Sinne fährt Justin fort.

228 Heraklit aus Ephesus, griechischer Philosoph um 500 vor Chr. Er hielt das ätherische Feuer für den Urgrund aller Dinge und lehrte, alles gehe aus diesem hervor und kehre wieder dahin zurück in ewigem Wechsel.

229 D.i. vor Christus.

Jungfrau als Mensch geboren und Jesus genannt wurde, dann gekreuzigt und gestorben, wieder auferstanden und in den Himmel aufgestiegen ist, das wird aus unseren früheren weitläufigen Darlegungen der Verständige sich erklären können.

Wir aber wollen, da für jetzt dieser Punkt zur Beweisführung nicht notwendig ist[230], nunmehr zu den Beweisen übergehen, die dringlich sind.

---

230 Dieser Beweis wird in der 2. Apologie K. V und X geführt.

XLVII
Vorhersagung des Strafgerichtes über die Juden

Vernehmet nun, was vom prophetischen Geiste auch über die Verwüstung des Judenlandes vorhergesagt worden ist. Die Worte sind andern Völkern in den Mund gelegt derart, daß diese sich über das schon eingetretene Ereignis wundern. Sie lauten: „Verwüstet ist Sion, wie eine Einöde Jerusalem, zum Fluche ist geworden das Haus, unser Heiligtum, und die Herrlichkeit, die unsere Väter priesen, wurde ein Raub der Flammen, und all ihr Glanz ist dahingesunken. Und bei alledem bliebst du gleichgültig, schwiegst und hast uns gar sehr gedemütigt."[231]

Daß nun Jerusalem, wie es hier als schon geschehen vorherverkündet worden ist, verwüstet worden ist, das wißt ihr wohl. Über seine Verödung und daß es keinem Juden mehr gestattet sein werde, darin zu wohnen, ist vom Propheten Isaias also geweissagt worden: „Ihr Land liegt öde, vor ihren Augen weiden ihre Feinde es ab[232], und keiner von ihnen wird darin wohnen können."[233]

Daß aber von euch gewacht wird, damit kein Jude dort sich aufhalte, und daß für jeden Juden, der es betritt und ertappt wird, die Todesstrafe bestimmt ist, das ist euch wohlbekannt.[234]

---

231 Isa 64,10-12.

232 Isa 1,7.

233 Jer 2,15.

234 Die genannte Todesstrafe verhängte ebendieser Kaiser Hadrian, an den Justin hier schreibt, nach der Niederwerfung des jüdischen Aufstandes unter dem bereits erwähnten Barchochebas (K. XXXI). Daher ist es ihm zweifelsohne wohlbekannt.

XLVIII
Andere Weissagungen über Jesu Leben und Tod

Daß ferner unser Christus alle Krankheiten heilen und Tote erwecken werde, das entnehmet folgenden Worten: „Bei seinem Erscheinen wird springen der Lahme wie ein Hirsch und deutlich wird reden die Zunge des Stummen. Blinde werden sehen, Aussätzige rein werden, Tote auferstehen und umhergehen."[235] Daß Er das wirklich getan hat, könnt ihr aus den unter Pontius Pilatus aufgenommenen Akten ersehen.

Wie ferner von dem prophetischen Geiste vorherverkündet worden ist, er werde samt den Menschen, die auf Ihn hoffen, getötet werden, darüber vernehmt die Worte des Isaias: „Siehe, wie der Gerechte unterging und niemand nimmt es zu Herzen; gerechte Männer werden hinweggerafft und niemand achtet darauf. Dem Anblicke der Ungerechtigkeit ist entzogen der Gerechte und er wird sein in Frieden; sein Grab ist aus unserer Mitte enthoben."[236]

---

[235] Isa 35,5f.; Mt 11,5.
[236] Isa 57,2 nach der LXX.

XLIX
Prophezeiungen über die Bekehrung der Heiden und die Verwerfung der Juden

Und weiterhin, wie durch denselben Isaias gesagt worden ist, daß die Heidenvölker, die Ihn nicht erwartet hatten, Ihn anbeten werden, die Juden aber, die immer auf Ihn warteten, Ihn bei seiner Ankunft nicht anerkennen werden; gesprochen aber sind die Worte in der Person Christi selbst. Sie lauten: „Offenbar geworden bin ich denen, die nicht nach mir fragten; gefunden wurde ich von solchen, die mich nicht suchten; ich sprach: Sieh, hier bin ich, zu einem Volke, das meinen Namen nicht genannt hatte. Ich streckte meine Hände aus nach einem ungehorsamen und widersprechenden Volke, nach solchen, die nicht auf gutem Wege wandelten, sondern ihren Sünden nach; es ist ein Volk, das mich ins Gesicht verhöhnt."[237]

Die Juden nämlich, die im Besitze der Weissagungen waren und immer auf Christus gewartet hatten, erkannten Ihn nicht an, als Er erschienen war, und nicht nur das, sie mißhandelten Ihn sogar. Die aus den Heiden aber, die niemals etwas von Christus gehört hatten, bis seine Apostel aus Jerusalem kamen, von Ihm Kunde brachten und die Weissagungen mitteilten, haben voll Freude und Glauben den Götzenbildern entsagt und sich dem ungezeugten Gotte durch Christus hingegeben. Daß aber auch vorausgesehen war, es würden diese Schmähungen gegen die Bekenner Christi ausgesprochen werden, und daß die unglücklich sein würden, welche ihn schmähen und das Festhalten an den alten Gebräuchen empfehlen, darüber hört die kurzen Worte des Isaias: „Wehe denen, die das Süße bitter und das Bittere süß nennen!"[238]

---

237 Isa 65,1-3 nach der LXX.
238 Isa 5,20.

L
Weissagung des Isaias über Christi Leiden

Daß Er aber auch, für uns Mensch geworden, Schmerzen und Schande ertragen wollte und wieder in Herrlichkeit erscheinen wird, darüber hört folgende Weissagungen:

„Dafür, daß sie seine Seele in den Tod gegeben haben und er unter die Missetäter gerechnet ward, hat er die Sünden vieler auf sich genommen und wird sich mit den Übeltätern aussöhnen. Denn siehe, mein Knecht wird weise sein und wird erhöht und verherrlicht werden gar sehr. Gleichwie viele über dich entsetzt sein werden - so mißachtet wird seitens der Menschen deine Gestalt und dein Ruf unter den Menschen sein -, so werden viele Menschen staunen und Könige ihren Mund zuhalten; denn die, denen nichts von ihm gemeldet worden war, werden sehen, und die nichts gelernt hatten, werden verstehen.

Herr, wer hat unserer Kunde Glauben geschenkt, und wem wurde der Arm des Herrn enthüllt? Wir haben vor ihm Botschaft gebracht wie ein Kind, wie eine Wurzel in dürstender Erde. Er hat nicht Gestalt noch Ansehen; wir sahen ihn und er hatte weder Gestalt noch Schönheit, vielmehr war seine Gestalt unansehnlich und verschwindend im Vergleich mit den Menschen. Als ein Mensch, der geschlagen zu werden und Schwäche zu ertragen gewohnt war, wurde er, weil sein Antlitz abgewandt war, beschimpft und mißachtet. Dieser trägt unsere Sünden und jammert um uns, und wir meinten, er sei in Mühe, Schmerz und Pein. Aber um unserer Missetaten willen ist er verwundet und wegen unserer Sünden ist er elend geworden; unseres Friedens wegen liegt die Züchtigung auf ihm, durch seine Striemen

wurden wir geheilt. Wir alle gingen in die Irre wie
Schafe, ein jeder wich ab von seinem Wege; er der Herr
hat ihn geopfert unseren Sünden und er selbst tut ob der
Peinigung seinen Mund nicht auf. Wie ein Schaf wurde
er zur Schlachtung geführt und, wie ein Lamm vor
seinem Scherer stumm ist, so tut er seinen Mund nicht
auf. In seiner Erniedrigung wurde sein Gericht
aufgehoben."[239]

Nach Seiner Kreuzigung fielen nämlich auch alle Seine Ver-
trauten von Ihm ab und verleugneten Ihn[240]; später aber nach
Seiner Auferstehung, als Er ihnen erschienen war und Er sie in
das Verständnis der Prophezeiungen, in denen das alles als zu-
künftig vorhergesagt war, eingeführt hatte, und als sie Ihn in
den Himmel hatten auffahren sehen, Glauben gewonnen, die
ihnen dorther von Ihm gesandte Kraft empfangen hatten und zu
allen Nationen der Menschheit ausgezogen waren, da haben sie
das gelehrt und sind Apostel genannt worden.

---

239 Isa 52,12 - 53,8; Justin folgt auch hier der von Christus und Seinen Apo-
steln geheiligten Lesart der LXX. Vgl. Apg 7,30ff. Im MT lautet dieser
Abschnitt erheblich anders. Wir schrieben darüber einen eigenen Beitrag
auf unserer Website: https://dielehrederapostel.info/die-heilige-schrift/
septuaginta-vs-masoretentext/herr-wer-glaubte-unserer-botschaft

240 Das schrieb Justin auch dem Juden Tryphon (DialTryph c. 53 und 106);
die Evangelien berichten nichts davon. Ein weiterer Hinweis, dass die
Apostel mündlich mehr überlieferten als die Evangelisten schrieben.

LI
Weissagungen über Christi Majestät, Himmelfahrt und Wiederkunft

Um uns aber zu zeigen, daß, der solches litt, von ungewöhnlicher Herkunft sei und über Seine Feinde herrsche, hat der prophetische Geist also gesprochen: „Wer wird seine Abkunft erzählen? Denn weggenommen von der Erde wird sein Leben, wegen ihrer Missetaten kommt er in den Tod. Und ich will hingeben die Bösen für sein Grab und die Reichen für seinen Tod, weil er keine Ungerechtigkeit begangen hat und kein Trug in seinem Munde erfunden wurde, und der Herr will ihn freimachen von seinen Leiden. Wenn ihr für eure Sünde Opfer gebt, werdet ihr langlebige Nachkommenschaft sehen. Und der Herr will seine Seele dem Leid entreißen, ihm Licht zeigen, mit Erkenntnis ausstatten und rechtfertigen den Gerechten, der vielen Dienste erwies. Er selbst wird unsere Sünden auf sich nehmen; dafür wird er viele zum Anteil erhalten und die Beute der Starken teilen, weil er sein Leben in den Tod gegeben hat und unter die Missetäter gerechnet wurde, die Sünden vieler getragen hat und wegen ihrer Übertretungen selbst hingegeben wurde."[241]

Vernehmet nun auch, wie vorausgesagt war, daß er in den Himmel auffahren werde. Es heißt so: „Tuet die Himmelstore auf, öffnet euch, daß einziehe der König der Herrlichkeit. Wer ist dieser König der Herrlichkeit? Er ist Herr der Starke, der Herr der Mächtige."[242] Daß er aber vom Himmel wiederkommen wird mit Herrlichkeit, darüber hört die Worte des Propheten Jeremias[243]: „Siehe, wie eines Menschen Sohn kommt er auf den Wolken des Himmels und alle Engel mit ihm."

---

241 Isa 53,8-12, deutlich nach der LXX!
242 Ps 23,7 f.
243 vielmehr Daniel (7,13).

LII
Die bereits erfüllten Prophezeiungen verbürgen das Eintreffen der übrigen

Da wir nun gezeigt haben. daß alles; was geschehen ist, vor dem Geschehen schon vorhergesagt war, so muß man in bezug auf ähnliche, aber noch nicht erfüllte Weissagungen der Zuversicht sein, daß sie durchaus in Erfüllung gehen werden. Denn wie die bereits erfüllten Weissagungen, auch wenn sie nicht begriffen wurden, eingetroffen sind, so werden auch die übrigen, auch wenn man sie nicht begreift und ihnen keinen Glauben schenkt, in Erfüllung gehen.

Die Propheten haben nämlich ein zweimaliges Kommen Christi vorhergesagt, das eine, das schon der Geschichte angehört, als das eines mißachteten und leidensfähigen Menschen, das andere aber, wenn Er ihrer Verkündigung gemäß in Herrlichkeit vom Himmel her mit Seiner Engelschar erscheinen wird, wenn Er auch die Leiber aller Menschen, die je gelebt haben, wieder auferwecken und die der Würdigen mit Unverweslichkeit bekleiden[244], die der Ungerechten aber in ewiger Empfindungsfähigkeit mit den bösen Geistern ins ewige Feuer verweisen wird.

Daß aber auch dieses als künftig eintretend vorausgesagt ist, werden wir dartun; der Prophet Ezechiel sagte nämlich: „Fügen wird sich Gelenk an Gelenk, Bein an Bein, und Fleisch wird wieder nachwachsen.[245] Und jegliches Knie wird sich dem Herrn beugen und jede Zunge wird ihn preisen."[246]

Welche Empfindung und Pein aber die Ungerechten haben werden, entnehmet einem ähnlichen darauf bezüglichen Auss-

---

244 Vgl. 1.Kor 15,53.
245 Justin fasst mehrere Sätze aus Ez 37,1-8 zusammen, so wie auch schon die Apostel und Jesus es machten. Vgl. Jesus in der Wüste Lk 4,8.
246 Isa 45,23.

pruch; es heißt nämlich: „Ihr Wurm wird nicht ruhen und ihr Feuer nicht erlöschen."[247] Und dann werden sie Reue empfinden, aber es wird ihnen nichts mehr helfen.

Was aber die Juden sagen und tun werden, wenn sie Ihn in Herrlichkeit kommen sehen, wurde durch den Propheten Zacharias also geweissagt: „Ich werde den vier Winden befehlen, die zerstreuten Kinder zu versammeln, ich werde dem Nordwind befehlen, heranzubringen und dem Südwind, nicht entgegenzuwehen. Und dann wird in Jerusalem ein großes Klagen sein, nicht ein Klagen des Mundes oder der Lippen, sondern ein Klagen des Herzens, und sie werden nicht ihre Kleider zerreißen, sondern ihre Herzen. Klagen werden sie Stamm für Stamm, und dann werden sie schauen, den sie durchstochen haben und werden sagen: Warum, Herr, hast du uns abirren lassen von deinem Wege? Die Herrlichkeit, die unsere Väter gepriesen haben, ist uns zur Schande geworden."[248]

---

[247] Isa 66,24.
[248] Zach 2,6; 12,10-12; Joel 2,13; Isa 63,17; 64,11.

LIII
Die Christen haben also die besten Gründe für die Wahrheit ihres Glaubens

Wir könnten noch viele andere Prophezeiungen anführen, hören aber hier auf in der Erwägung, daß die angeführten ausreichen zur Belehrung derjenigen, welche Ohren zum Hören und zum Verstehen haben,[249] und in der Überzeugung, daß diese einsehen können, daß nicht, wie die Dichter in betreff der vermeintlichen Zeussöhne, so auch wir nur Behauptungen aufstellen, aber keine Beweise bringen können. Denn aus welchem Grunde würden wir einem gekreuzigten Menschen glauben, daß er der Erstgeborene des ungezeugten Gottes ist und daß er über das ganze Menschengeschlecht Gericht halten werde, wenn wir nicht Zeugnisse vorfänden, die noch vor seiner Ankunft im Fleische bekannt gegeben waren, und wenn wir diese nicht so bestätigt sähen.

Sehen wir doch die Verödung des Judenlandes und sehen wir doch uns selbst, Angehörige aller Volksstämme, durch die Predigt der Apostel überzeugt und abgebracht von den alten Bräuchen, in denen wir irregehend gewandelt waren, und finden wir doch zahlreichere und wahrhaftere Christen unter den Heiden als unter Juden und Samaritern. Denn alle übrigen Stämme der Menschen werden von dem prophetischen Geiste Heiden genannt, das jüdische und samaritanische Volk aber heißen Israel und Haus Jakobs.

Daß aber vorhergesagt wurde, es würden die Gläubigen aus den Heiden zahlreicher sein als die aus den Juden und Samaritern, dafür wollen wir die Prophezeiung mitteilen; sie lautet: „Freue dich, du Unfruchtbare, die du nicht gebärst, frohlocke und jauchze, die du keine Wehen hast; denn zahlreicher sind

---

249 „Wer Ohren hat, der höre", ist der häufigste Satz aus Jesu Mund im NT.

die Kinder der Vereinsamten als jener, die ihren Mann hat."[250] Denn verlassen waren alle Völker vom wahren Gott, sie verehrten Werke von Menschenhand; die Juden und Samariter aber, die Gottes Wort, das ihnen durch die Propheten verkündet war, besaßen und immer auf den Christus geharrt hatten, erkannten Ihn bei seinem Erscheinen doch nicht an außer einigen wenigen, die, wie der prophetische Geist durch Isaias vorhergesagt hatte, gerettet werden sollten. Er läßt sie aber also sprechen: „Wenn nicht der Herr uns ein Samenkorn gelassen hätte, wären wir wie Sodoma und Gomorrha geworden."[251]

Sodoma und Gomorrha waren nämlich, wie Moses erzählt, Städte ruchloser Menschen, die Gott durch Feuer und Schwefel verbrannte und zerstörte, wobei keiner in ihnen gerettet wurde als ein Fremder mit Namen Lot, ein Chaldäer seiner Abkunft nach, mit dem auch seine Töchter gerettet wurden. Ihr ganzes Land kann jeder, der will, öde, unfruchtbar und ausgebrannt daliegen sehen. Daß aber die aus den Heidenvölkern als die Wahrhaftigern und Zuverlässigern im voraus erkannt wurden, dafür wollen wir die Worte des Propheten Isaias anführen, der sagt: „Israel ist unbeschnitten dem Herzen nach, die Heiden aber der Vorhaut nach."[252]

So viele augenscheinliche Belege können denen, welche die Wahrheit lieben, nicht falscher Ehre nachjagen noch von Leidenschaften beherrscht werden, Überzeugung und Glauben beibringen.

---

[250] Isa 54,1; Gal 4,27.
[251] Isa 1,9.
[252] Jer 9,26.

LIV
Entstehung der Griechischen Mythen

Dagegen bieten die, welche die von den Dichtern ersonnenen Mythen weitererzählen, der lernenden Jugend keinerlei Beweis dar; wir können auch nachweisen, daß sie zur Betörung und Verführung des Menschengeschlechtes auf Antrieb der bösen Geister ersonnen worden sind.

Denn als diese von der durch die Propheten verkündeten Ankunft Christi und von der Bestrafung der Gottlosen durch Feuer hörten, brachten sie die Sage auf von vielen dem Zeus geborenen Söhnen in der Meinung, sie könnten es fertig bringen, daß die Menschen die Geschichte von Christus für eine Wundermär und für ähnlich den Erzählungen der Dichter hielten. Und diese Sagen wurden verbreitet bei den Griechen und bei allen Heidenvölkern, da die Dämonen die Weissagung der Propheten kannten, daß Christus bei diesen mehr Glauben finden werde.

Daß sie aber die Vorhersagungen der Propheten zwar hörten, aber nicht genau verstanden und wie im Dunkeln tastend die Geschichte unseres Christus nachäfften, werden wir klarmachen. Der Prophet Moses war, wie wir früher (XLIV) sagten, älter als alle Schriftsteller, und durch ihn war, wie wir auch schon erwähnten (XXXII), also prophezeit worden: „Nicht wird fehlen ein Herrscher aus Juda und ein Führer aus seiner Nachkommenschaft, bis der kommt, dem es vorbehalten ist. Und dieser wird sein die Erwartung der Völker; er bindet an einen Weinstock sein Füllen und wäscht sein Gewand im Blute der Traube."[253]

Als nun die Dämonen von diesen prophetischen Worten Kunde erhalten hatten, machten sie den Dionysos zum Zeussohne und zum Erfinder des Weinstocks, verwendeten auch den Esel bei seinen Mysterien und sagten, er sei zerrissen worden

---

[253] Gen 49,10f.

und dann in den Himmel eingegangen. Und da durch die Weissagung des Moses nicht klar angekündigt wurde, ob der Kommende der Sohn Gottes sein sollte und ob Er auf einem Füllen reitend auf Erden bleiben oder in den Himmel aufsteigen sollte, und da das Wort Füllen ebensogut ein Eselsfüllen wie das eines Pferdes bezeichnen konnte, sie also nicht wußten, ob der Vorherverkündete ein Eselsfüllen als Zeichen seines Erscheinens oder das eines Pferdes mit sich führen werde und ob Er, wie oben (XXI) bemerkt wurde, Sohn eines Gottes oder eines Menschen sei, so sagten sie, auch Bellerophon, der als Mensch von Menschen stammte, sei zum Himmel aufgestiegen und zwar auf dem Rosse Pegasus.

Als sie aber das Wort des anderen Propheten, des Isaias, hörten, daß er aus einer Jungfrau geboren und aus eigener Kraft in den Himmel aufsteigen werde, da brachten sie die Sage von Perseus auf. Als sie dann erfuhren, es sei, wie in den früher beigebrachten Weissagungen (XL) mitgeteilt wurde, von ihm gesagt, stark wie ein Riese seinen Weg zu durchlaufen, da erfanden sie die Sage von dem starken Herakles, der die ganze Erde durchwandert habe. Und wieder, als sie die Weissagung erfuhren, er werde jede Krankheit heilen und Tote erwecken, da tischten sie den Asklepios auf.

LV
Das verborgene Symbol des Kreuzes

Aber nirgends und bei keinem der angeblichen Zeussöhne bildeten sie die Kreuzigung nach; denn sie kam ihnen nicht in den Sinn, weil, wie schon früher hervorgehoben worden ist[254], alles hierüber Gesagte in sinnbildliche Ausdrücke gekleidet war. Und doch ist dies, wie der Prophet vorausgesagt hat, das größte Geheimnis Seiner Macht und Herrschaft, wie sich an den sinnfälligen Dingen zeigen läßt.

Denn betrachtet alles, was in der Welt ist, ob es ohne diese Form gehandhabt werden oder Zusammenhang haben kann. Das Meer kann nicht durchschnitten werden, wenn nicht dieses Siegeszeichen, das hier Segel heißt, auf dem Schiffe unversehrt bleibt. Die Erde wird nicht gepflügt ohne dasselbe; Grabende und Handwerker verrichten ihre Arbeit nicht ohne Werkzeuge, die diese Form haben; die menschliche Gestalt unterscheidet sich in nichts anderem von der der unvernünftigen Tiere als dadurch, daß sie aufrecht ist, die Hände ausspannen kann und im Gesichte von der Stirne an einen Vorsprung, die Nase, trägt, durch die beim Lebenden der Atem geht und die keine andere Form als die des Kreuzes hat; ist doch durch den Propheten also gesagt worden: „Der Atem *vor* unserm Antlitz Christus der Herr."[255]

Auch die bei euch üblichen Sinnbilder bekunden die Macht dieses Zeichens, ich meine die Feldzeichen und Siegeszeichen, mit welchen ihr überall aufzieht; tragt ihr doch damit, wenn auch unbewußt, die Abzeichen eurer Herrschaft und Macht zur Schau. Auch die Bildnisse der bei euch verstorbenen Herrscher stellt ihr in dieser Form dar und benennt sie noch in Inschriften

---

254 Kapitel XXXV.

255 Klgl 4,20: Das „vor" (πρό) fehlt in den meisten Handschriften und in den heutigen Ausgaben der Septuaginta.

als Götter. Nachdem wir nun durch vernünftige Beweisführung und durch ein in die Augen fallendes Bild, soviel wir konnten, auf euch einzuwirken versucht haben, wissen wir uns fürderhin ohne Verantwortung, auch wenn ihr ungläubig bleibt; das Unsrige ist geschehen und vollbracht.

LVI
Noch einmal über Simon den Magier

Die Dämonen begnügten sich aber nicht damit, vor dem Erscheinen Christi die Sagen von den genannten Zeussöhnen in die Welt zu setzen; sie haben auch nach Seinem Erscheinen und Auftreten unter den Menschen, als sie erfuhren, wie Er von den Propheten vorherverkündigt war, und als sie erkannten, daß Er bei jedem Volke Gläubige finde und erwartet werde, andere vorgeschoben, wie wir schon früher angegeben haben (XXVI), nämlich den Simon und den Menander von Samaria, die dadurch, daß sie Zauberei Wundertaten verrichteten, viele betörten und noch in Betörung erhalten. Denn als Simon, wie früher schon gesagt wurde, in der Hauptstadt Rom unter Kaiser Klaudius auftrat, hat er den heiligen Senat und das römische Volk in solches Staunen versetzt, daß sie ihn für einen Gott hielten und ihn, wie die andern bei euch verehrten Götter, durch eine Bildsäule ehrten.

Darum ersuchen wir euch, auch den heiligen Senat und euer Volk von dieser Bittschrift in Kenntnis zu setzen, damit, wenn noch jemand in seinen Lehren befangen sein sollte, er die Wahrheit erfahren und von seiner Täuschung sich lossagen kann. Und das Standbild reißt, wenn es euch passt, nieder!

LVII
Die Dämonen können Christen den Tod bringen, ihnen aber nicht schaden

Denn die bösen Dämonen können nicht glauben machen, daß die Gottlosen nicht die Feuerstrafe treffen werde, wie sie es auch nicht dahin zu bringen vermochten, daß Christus, als Er erschienen war, verborgen blieb; vielmehr können sie nur das fertig bringen, daß Menschen, welche unvernünftig leben, voller Leidenschaften in schlechten Sitten aufgewachsen sind und eitlem Ruhme nachjagen, uns töten und hassen.

Aber weit entfernt, diese zu hassen, suchen wir sie, wie gezeigt wurde, aus Mitleid zur Sinnesänderung zu bewegen. Denn wir fürchten den Tod nicht, da man anerkanntermaßen doch einmal sterben muß[256] und in diesem Weltlauf gar nichts Neues, sondern immer dasselbe geschieht; wenn dessen die Leute satt werden, schon wenn sie nur ein Jahr daran teilnehmen, so müssen sie, um auf immer ohne Leiden und Bedürfnisse zu sein, unserer Lehre beitreten.

Wenn sie aber glauben, daß mit dem Tode alles aus sei, und wähnen, daß man beim Sterben in einen Zustand der Empfindungslosigkeit eintrete, so erweisen sie uns dadurch, daß sie uns von den Leiden und Nöten hienieden befreien, eine Wohltat, sich selbst aber zeigen sie dabei als böse, menschenfeindliche und eitle Menschen, da sie uns nicht umbringen, um uns zu befreien, sondern uns töten, um uns des Lebens und seiner Freuden zu berauben.

---

[256] 1.Apol. XI; 2.Apol. XI.

LVIII
Auch den Markion haben die Dämonen vorgeschoben

Auch den Markion aus Pontus schoben, wie wir früher sagten (K. XXVI), die bösen Dämonen vor, der auch jetzt noch Gott, den Schöpfer aller himmlischen und irdischen Dinge, und Seinen Sohn, den von den Propheten vorherverkündeten Christus, zu leugnen lehrt, und einen andern Gott neben dem Schöpfer des Alls und ebenso einen andern Sohn verkündet. Ihm haben viele Glauben geschenkt, als ob er im Alleinbesitz der Wahrheit sei, und spotten unser, obschon sie keinen Beweis haben für das, was sie sagen, sondern gedankenlos wie vom Wolf geraubte Schafe eine Beute der gottlosen Lehren und Dämonen[257] werden.

Denn auf nichts anderes arbeiten die genannten Dämonen hin, als die Menschen von dem Schöpfergott und Seinem Erstgeborenen, nämlich Christus, abzuziehen, und die, welche sich über die Erde nicht erheben können, die ketteten sie und ketten sie jetzt noch an die irdischen Dinge und an die Werke von Menschenhand; die sich aber zur Betrachtung göttlicher Dinge emporschwingen, die drängen sie, wenn sie sich nicht ein gesundes Urteil und ein reines, von Leidenschaften freies Leben bewahren, unversehens vom rechten Wege ab und stürzen sie in Gottlosigkeit.

---

[257] 1.Tim 4,1.

LIX
Das Alte Testament hat dem Platon als Quelle für seine Lehre gedient

Damit ihr aber erkennt, daß von unseren Lehrern, wir meinen von dem durch die Propheten vorherverkündeten Logos, Platon den Satz überkommen hat, Gott habe durch Umwandlung gestaltlosen Stoffes die Welt geschaffen, so hört, was wörtlich von Moses gesagt worden ist, der, wie schon erwähnt wurde (K. XXXII), der älteste Prophet war und früher gelebt hat als alle griechischen Schriftsteller. Durch ihn hat der prophetische Geist, um kundzutun, wie und woraus Gott im Anfange die Welt bildete, also gesprochen: „Im Anfange schuf Gott den Himmel und die Erde; die Erde aber war noch unansehbar und ungeformt, es war Finsternis über dem Abgrunde und der Geist Gottes schwebte über den Wassern. Gott aber sprach: Es werde Licht, und es ward so."[258]

Daß also durch Gottes Wort aus vorliegenden, von Moses erwähnten Stoffen die ganze Welt entstanden sei, das haben Platon mit denen, welche das gleiche sagen, und ebenso auch wir gelernt, und auch ihr könnt davon überzeugt sein. Und nun wissen wir auch, daß das, was bei den Dichtern Erebos[259] heißt, zuerst von Moses genannt worden ist.

---

258 Gen 1,1-3.

259 Nach Hesiodos (Theog. v. 123) entstanden aus dem Chaos zuerst das Erebos (Finsternis) und die Nacht.

LX
Platon und das Kreuz

Auch was Platon im Timäus zur Erklärung der Welt über den Sohn Gottes gesagt hat, wo es heißt: „Er bildete ihn im All wie ein Chi"[260], hat er in ähnlicher Weise dem Moses entlehnt. Denn in den Schriften des Moses steht geschrieben[261], daß in der Zeit, als die Israeliten aus Ägypten auszogen und in der Wüste waren, ihnen giftspritzende Tiere, Nattern, Vipern und Schlangen aller Art entgegentraten, die dem Volke den Tod brachten; da habe Moses auf Gottes Eingebung und Antrieb Erz genommen, daraus eine Art Kreuz gemacht, dieses auf dem heiligen Zelte aufgestellt und zum Volke gesprochen: „Wenn ihr dieses Bild anblickt und euer Vertrauen darauf setzt, werdet ihr Heilung finden". Und darauf, so berichtet er, seien die Schlangen umgekommen, das Volk aber, so berichtet er weiter, sei so dem Tode entronnen. Das las Platon, und da er es nicht recht verstand und glaubte, es sei nicht die Kreuzform, sondern die Chigestalt gemeint, so tat er den Ausspruch, die dem ersten Gott zunächst stehende Kraft sei im All wie ein Chi ausgebreitet. Auch wenn er einen Dritten nennt, so hat er das daher, daß er, wie schon gesagt, das Wort des Moses las, der Geist Gottes habe über den Wassern geschwebt. Denn den zweiten Platz weist er dem aus Gott stammenden Logos zu, von dem er sagt,

---

260 Platon denkt sich die Weltseele in der Mitte der kugelrunden Welt und von hier aus über die ganze Welt ausgebreitet. Im Weltganzen sind aber nach der Anschauung der Alten zwei Kreise von der größten Bedeutung, nämlich der Äquator, in dessen Richtung sich täglich von Osten nach Westen alle Gestirne um die Erde drehen, und die Ekliptik, in der sich die Planeten außer jener ersten Bewegung um die Erde drehen von Westen nach Osten, und zwar in verschiedenen Umlaufzeiten. Platon sagt daher (Tim. p. 36 bc), Gott habe die Weltseele in zwei Teile gespalten und habe diese zwei Teile oder Linien wie ein Chi (X) übereinander gelegt und zu Kreisen gebogen, die sich in zwei Punkten schneiden.

261 Num 21,8f.

daß er im All wie ein Chi ausgebreitet sei, den dritten aber dem Geiste, von dem es heißt, er schwebe über den Wassern, mit den Worten: „Die dritte Stelle aber für den Dritten."[262]

Höret nun auch, wie der prophetische Geist durch Moses einen Weltbrand vorherverkündigt hat. Er sprach nämlich: „Hinabsteigen wird ewigfressendes Feuer und wird fressen bis zum Abgrund hinunter."[263]

Wir lehren also nicht dasselbe wie die übrigen, sondern alle andern sprechen nur das Unsrige nach. Und das kann man bei uns hören und lernen von solchen, die nicht einmal die Züge der Buchstaben kennen, von einfältigen und in ihrer Sprache rohen Menschen, die aber einen verständigen und guten Sinn haben, zum Teil auch von Krüppeln und Blinden; daraus kann man ersehen, daß es nicht menschlicher Einsicht entsprungen ist, sondern mit Gottes Kraft ausgesprochen wird.

---

[262] Diese Worte finden sich bei Pseudo-Platon (ep. II p. 312 e). Wie Justin, so versteht sie auch Klemens von Alexandrien (Strom V 12,102) von der Dreieinigkeit.

[263] Dtn 32,22.

LXI
Die Taufe

Wie wir uns aber nach unserer Neuschaffung durch Christus Gott geweiht haben, wollen wir jetzt darlegen, damit wir nicht, wenn wir dieses übergehen, in unserer Ausführung eine Unredlichkeit zu begehen scheinen.

Alle, die sich von der Wahrheit unserer Lehren und Aussagen überzeugen lassen, die glauben und versprechen, daß sie es vermögen, ihr Leben danach einzurichten[264], werden angeleitet zu beten, und unter Fasten Verzeihung ihrer früheren Vergehungen von Gott zu erflehen. Auch wir beten und fasten mit ihnen.

Dann werden sie von uns an einen Ort geführt, wo Wasser ist, und werden neu geboren in einer Art von Wiedergeburt[265], die wir auch selbst an uns erfahren haben; denn im Namen Gottes, des Vaters und Herrn aller Dinge, und im Namen unseres Heilandes Jesus Christus und des Heiligen Geistes nehmen sie alsdann im Wasser ein Bad. Christus sagte nämlich: „Wenn ihr nicht wiedergeboren werdet, werdet ihr in das Himmelreich nicht eingehen".[266] Daß es nun aber für die einmal Geborenen unmöglich ist, in ihrer Mutter Leib zurückzukehren, leuchtet allen ein.[267]

Durch den Propheten Isaias ist, wie wir früher mitgeteilt haben (K. XLIV), gesagt worden, auf welche Weise die, welche gesündigt haben und Buße tun, von ihren Sünden loskommen werden. Die Worte lauten: „Waschet, reinigt euch, schafft die

---

264 Die Stelle zeigt, dass schon damals ein Taufunterricht und das Taufgelübde der Spendung der Taufe vorhergingen.

265 Bei den frühen Christen war die Wiedergeburt untrennbar mit der Wassertaufe verknüpft.

266 Joh 3,3 - die einzige Stelle, die Justin konkret dem Johannesevangelium entnommen hat.

267 Auch das erinnert an das Johannesevangelium.

Bosheiten fort aus euren Herzen, lernet Gutes tun, seid Anwalt der Waise und helfet der Witwe zu ihrem Rechte, und dann kommt und laßt uns rechten, spricht der Herr. Und sollten eure Sünden sein wie Purpur, ich werde sie weiß machen wie Wolle; sind sie wie Scharlach, ich werde sie weiß machen wie Schnee. Wenn ihr aber nicht auf mich hört, wird das Schwert euch verzehren; denn der Mund des Herrn hat gesprochen."[268]

Und hierfür haben wir von den Aposteln folgende Begründung übernommen.[269] Da wir bei unserer ersten Entstehung ohne unser Wissen nach Naturzwang aus feuchtem Samen infolge gegenseitiger Begattung unserer Eltern gezeugt wurden und in schlechten Sitten und üblen Grundsätzen aufgewachsen sind, so wird, damit wir nicht Kinder der Notwendigkeit und der Unwissenheit bleiben, sondern Kinder der freien Wahl und der Einsicht, auch der Vergebung unserer früheren Sünden teilhaftig werden, im Wasser über dem, der nach der Wiedergeburt Verlangen trägt und seine Vergehen bereut hat, der Name Gottes, des Allvaters und Herrn, ausgesprochen, wobei der, welcher den Täufling zum Bade führt, nur eben diese Bezeichnung gebraucht. Denn einen Namen für den unnennbaren Gott vermag niemand anzugeben, und sollte jemand behaupten wollen, es gebe einen solchen, so wäre er mit unheilbarem Wahnsinn behaftet. Es heißt aber dieses Bad Erleuchtung, weil diejenigen, die das an sich erfahren, im Geiste erleuchtet werden. Aber auch im Namen Jesu Christi, des unter Pontius Pilatus Gekreuzigten, und im Namen des Heiligen Geistes, der durch die Propheten alles auf Jesus Bezügliche vorherverkündigt hat, wird der, welcher die Erleuchtung empfängt, abgewaschen.

---

268 Isa 1,16-20.
269 Vgl. Gal 4,26 ff und Eph 5,6 ff.

LXII
Nachäffung der Taufe durch die Dämonen

Auch von diesem Bade[270] hatten die Dämonen gehört, da es durch den Propheten[271] vorausgesagt worden war; darum machten sie, daß auch die sich besprengen, welche ihre Heiligtümer betreten und ihnen nahen, um Spenden und Opferdampf darzubringen[272]; ja sie veranlassen die Besucher, sich vor dem Eintritt in die Heiligtümer, wo sie ihren Sitz aufgeschlagen haben, vollständig zu baden.

Daß auch die, welche ihre Heiligtümer betreten und ihnen dienen, von den Priestern aufgefordert werden, ihre Schuhe abzulegen[273], haben die Dämonen dem, was dem vorhin genannten Propheten Moses begegnet ist, abgesehen und nachgemacht. Um jene Zeit nämlich, als Moses den Befehl erhielt, nach Ägypten hinabzugehen und das dort weilende israelitische Volk hinauszuführen, näherte sich ihm, während er im Lande Arabien die Schafe seines mütterlichen Oheims[274] weidete, un-

---

270 Eine bei den Aposteln übliche Umschreibung der Wassertaufe, s. Tit 3,5.

271 Isa 1,16-20; vgl. oben K. LXI.

272 An den Eingängen der heidnischen Tempel waren Wasserbehälter angebracht, aus deren Wasser man sich wusch. Homer sagt (Il. 1,449): „Sie wuschen sich alsdann die Hände und nahmen die geheiligten Gerstenkörner in die Hand." Später hat die Römisch-Katholische Kirche diesen Brauch übernommen und Weihwasserbecken an den Eingängen ihrer Kirchen aufgestellt.

273 Bei allen alten Völkern durfte man die Heiligtümer nur barfüßig betreten; ebenso ist es heute noch bei den Indern und Muslimen. Auch die jüdischen Priester mußten vor dem Eintritt in das Heiligtum die Schuhe ausziehen (Ex 30,19).

274 Onkel. Justin weiß hier anscheinend mehr als in der Schrift steht. Die Schrift verrät uns nur seine beiden Namen Raguel (Ex 2,18) und Jothor (Ex 3,1) und dass er Priester in Madian (Ex 2,16) war. Moses Eltern waren beide aus dem Priesterstamm Levi (Ex 2,1). Und so ist es nicht undenkbar, dass der Priester Jothor, der auch von Abraham abstammte, mit Moses Mutter verwandt war, vielleicht sogar ihr Bruder.

ser Christus in Feuersgestalt aus einem Dornbusch und sprach zu ihm: „Lege deine Schuhe ab, komm näher und höre!"[275] Der aber zog sie aus, kam heran und hörte, er solle nach Ägypten gehen und das israelitische Volk von dort wegführen; auch empfing er gewaltige Kraft von dem Christus, der zu ihm in Feuersgestalt gesprochen hatte. Er ging hinab und führte das Volk heraus, nachdem er große Wundertaten vollbracht hatte, die ihr, wenn ihr sie wissen wollt, genauer aus seinen Schriften kennen lernen könnt.

---

[275] Ex 3,5.

LXIII

Nicht Gott der Vater, sondern der Sohn hat zu Moses im Dornbusch gesprochen

Die Juden lehren alle heute noch, der namenlose Gott habe zu Moses geredet. Darum hat der prophetische Geist durch den früher erwähnten Propheten Isaias scheltend, wie oben gesagt (K. XXXVII), zu ihnen gesprochen: „Ein Ochs kennt seinen Besitzer und ein Esel die Krippe seines Herrn; Israel aber hat mich nicht erkannt und mein Volk mich nicht begriffen."[276]

Und auch Jesus Christus hat, als die Juden nicht erkannten, was Vater und was Sohn sei, gleichfalls scheltend zu ihnen gesagt: „Niemand kennt den Vater als der Sohn und niemand den Sohn als der Vater und wem der Sohn es geoffenbart hat."[277]

Gottes Logos aber ist Sein Sohn, wie wir früher gesagt haben (K. XXI-XXIII). Auch Engel und Gesandter wird Er genannt; denn Er verkündet, was zu wissen nottut, und wird gesandt, um alles zu melden, was von Gott geoffenbart wird, wie denn unser Herr auch selbst sagte: „Wer mich hört, der hört den, der mich gesandt hat."[278]

Und das wird auch aus den Schriften des Moses erhellt, in denen folgendes gesagt ist: „Es sprach zu Moses ein Engel Gottes in einer Feuerflamme aus dem Dornbusche und erklärte: Ich bin der Seiende, der Gott Abrahams, der Gott Isaaks, der Gott Jakobs, der Gott deiner Väter. Geh hinab nach Ägypten und führe mein Volk heraus."[279]

Was folgt, könnt ihr, wenn ihr wollt, aus jenen Schriften erfahren; denn es ist nicht möglich, hier alles anzuführen. Aber

---

276 Isa 1,3.
277 Mt 11,27.
278 Mt 10,40; Lk 10,16.

diese Worte dienen zum Beweise, daß Jesus Christus Gottes Sohn und Gesandter ist, der zuerst Logos war und bald in Feuersgestalt, bald ohne körperliche Gestalt, jetzt aber, nach Gottes Willen für das Menschengeschlecht Mensch geworden, alle die Leiden auf sich genommen hat, die Ihm auf Anstiften der Dämonen die verblendeten Juden angetan haben. Diese finden sich in den Schriften des Moses deutlich ausgesprochen: „Ich bin der Seiende[280], der Gott Abrahams, der Gott Isaaks und der Gott Jakobs"; trotzdem behaupten sie, der das gesagt habe, sei der Vater und Schöpfer des Alls. Darum warf auch der prophetische Geist ihnen vor: „Israel hat mich nicht erkannt, mein Volk mich nicht begriffen."[281]

Und anderseits sprach Jesus, als Er bei ihnen weilte, die schon angeführten Worte: „Niemand hat den Vater erkannt als der Sohn und niemand den Sohn als der Vater und wem der Sohn es geoffenbart hat".

Die Juden glauben, immer habe der Vater des Alls mit Moses gesprochen, während doch der Sohn Gottes, der auch Sein Bote und Gesandter heißt,[282] mit ihm sprach; mit Recht wird ihnen daher sowohl durch den prophetischen Geist als auch durch

---

279 Ex 3,2ff. „Ich bin der Seiende" übersetzt die Septuaginta. Im Masoretentext fehlt der Name Gottes an der Stelle (V6) komplett, sondern wird erst später, im Vers 13, mit „Ich bin der ich bin" umschrieben. Dort hat die LXX bereits ein zweites Mal „Ich bin der Seiende". Hier weicht die LXX, die Justin eindeutig zitiert, erkennbar vom MT ab, wie auch an vielen anderen markanten Stellen.

280 Siehe vorige Fußnote. Seit Jesus Seine Jünger lehrte, wird diese Anrede von Ihnen auf Jesus Christus persönlich gedeutet, nicht auf den Vater. Jesus öffnete Seinen Jüngern nach Seiner Auferstehung die Augen, damit sie die Heiligen Schriften richtig verstanden (Lk 24,45ff: Apg 17,3). Die Juden haben das bis heute verpasst und lesen die Schriften daher anders und haben sie Dank der Masoreten nach ihren Vorstellungen verändert. Beiträge dazu im Web: https://dielehrederapostel.info/die-heilige-schrift/septuaginta-vs-masoretentext

281 Isa 1,3.

282 Joh 5,23.37. 8,18.42.

Christus selbst der Vorwurf gemacht, daß sie weder den Vater noch den Sohn erkannt haben.[283]

Denn die den Sohn zum Vater machen, laden den Vorwurf auf sich, daß sie weder den Vater kennen noch wissen, daß der Vater des Alls einen Sohn hat, der als Gottes Logos und Erstgeborener auch Gott ist. Früher ist dieser in Feuersgestalt und auch unkörperlich dem Moses und den übrigen Propheten erschienen; jetzt aber in den Zeiten eurer Herrschaft ist Er, wie wir früher gesagt haben (K. XLVI), nach des Vaters Willen zum Heile seiner Gläubigen durch eine Jungfrau Mensch geworden und hat Verachtung und Leiden auf sich genommen, um durch Sein Sterben und Auferstehen den Tod zu besiegen. Was aber aus dem Dornbusch zu Moses gesagt wurde: „Ich bin der Seiende, der Gott Abrahams, der Gott Isaaks, der Gott Jakobs und der Gott deiner Väter" deutet an, daß jene auch nach ihrem Tode Leute Christi bleiben und sind; waren sie doch unter allen Menschen die ersten, die rastlos Gott suchten, Abraham der Vater Isaaks und Isaak der Vater Jakobs, wie ebenfalls Moses aufgezeichnet hat.

---

[283] Joh 8,54+55; Apg 13,27; vgl. 1.Joh 3,6.

LXIV
Auch die Sagen von den Zeustöchtern Kore und Athene sind ein Werk der Dämonen

Aus dem vorher Gesagten kann man verstehen, wie die Dämonen in Nachahmung der Worte des Moses behaupteten, Persephone sei die Tochter des Zeus, und das Volk dazu anstifteten, an den Wasserquellen ein Bildnis von ihr unter dem Namen Kore[284] aufzustellen. Moses erzählt nämlich, wie wir schon bemerkten (K. LIX): „Im Anfange erschuf Gott den Himmel und die Erde; aber die Erde war noch unansehbar und formlos, und der Geist Gottes schwebte über den Gewässern". Um nun den Geist Gottes, von dem es heißt, Er schwebte über dem Wasser, nachzubilden, brachten sie die Sage auf, Kore sei eine Tochter des Zeus.

In ähnlicher Weise die Sache verdrehend, gaben sie die Athene als Tochter des Zeus aus, allerdings nicht aus geschlechtlichem Umgange. Da sie nämlich wußten, daß Gott nach Überlegung durch den Logos die Welt geschaffen habe, sprachen sie von der Athene als von „seinem ersten Gedanken".[285] Uns freilich erscheint es höchst lächerlich, eine Weibsgestalt als Form des Gedankens hinzustellen.

In derselben Weise sprechen auch die Taten der anderen Kinder des Zeus gegen sie.

---

284 Cora, d.h. die Jungfrau oder Tochter.

285 Nach der Sage sprang Athene aus dem Kopf ihres Vaters Zeus, nachdem ihr Bruder Hephaistos mit einem Hammer auf den Schädel des Zeus geschlagen hatte um ihn von seinen starken Kopfschmerzen zu befreien. So kam Athene durch eine Kopfgeburt zur Welt.

LXV
Die Eucharistie nach der Taufe

Wir aber führen nach diesem Bade (K. LXI) den, der gläubig geworden und uns beigetreten ist, zu denen, die wir Brüder nennen, dorthin, wo sie versammelt sind, um gemeinschaftlich für uns, für den, der erleuchtet worden ist, und für alle andern auf der ganzen Welt inbrünstig zu beten, damit wir, nachdem wir die Wahrheit erkannt haben, gewürdigt werden, auch in Werken als tüchtige Mitglieder der Gemeinde und als Beobachter der Gebote erfunden zu werden, und so die ewige Seligkeit zu erlangen. Haben wir das Gebet beendigt, so begrüßen wir einander mit dem Kusse.[286]

Darauf werden dem Vorsteher der Brüder Brot und ein Becher mit Wasser und Wein gebracht; der nimmt es und sendet Lob und Preis dem Allvater durch den Namen des Sohnes und des Heiligen Geistes empor und spricht eine lange Danksagung dafür, daß wir dieser Gaben von ihm gewürdigt worden sind.

Ist er mit den Gebeten und mit der Danksagung zu Ende, so gibt das ganze Volk seine Zustimmung mit dem Worte „Amen". Dieses Amen bedeutet in der hebräischen Sprache soviel wie: Es geschehe! Nach der Danksagung des Vorstehers und der Zustimmung des ganzen Volkes teilen die, welche bei uns Diakonen heißen, jedem der Anwesenden von dem verdankten Brot, Wein und Wasser mit und bringen davon auch den Abwesenden.

---

[286] Den Bruderkuss befiehlt auch Paulus (Röm 16,16; 1.Kor 16,20; 2.Kor 13,12; 1.Thess 5,26) und Petrus (1.Petr 5,13). Den Friedenskuss beim Gottesdienst erwähnt auch Tertullian (de orat. c. 14).

LXVI
Das Wesen der Eucharistie

Diese Nahrung heißt bei uns Eucharistie.[287] Niemand darf daran teilnehmen, als wer unsere Lehren für wahr hält, das Bad zur Nachlassung der Sünden und zur Wiedergeburt[288] empfangen hat und nach den Weisungen Christi lebt.

Denn nicht als gemeines Brot und als gemeinen Trank nehmen wir sie; sondern wie Jesus Christus, unser Retter, als Er durch Gottes Wort Fleisch wurde[289], Fleisch und Blut um unseres Heiles willen angenommen hat, so sind wir gelehrt worden, daß die durch das Gebet Seines Wortes, das wir von Ihm haben, unter Danksagung gesegnete Nahrung, mit der unser Fleisch und Blut durch Umwandlung genährt wird, Fleisch und Blut jenes fleischgewordenen Jesus sei.[290]

---

287 Das Wort Eucharistie kommt von Griech. εὐχαριστία (eucharistia), zu Deutsch Dankbarkeit oder Danksagung. Das Wort kommt im NT häufig vor, stets im wörtlichen Sinne. Offenbar haben aber die frühen Christen bereits im 1. Jh im übertragenen Sinne damit auch die Feier der Danksagung beim sogenannten Abendmahl gemeint, das in der Bibel „Brotbrechen" (Apg 2,42), „Herrenmahl" bzw. „Mahl des Herrn" (1.Kor 11,20) oder „Liebesmahl" (Jud 1,12) genannt wird. Siehe Didache K. IX.

288 Die Wassertaufe. Vgl. Tit 3,5.

289 Daß die Menschwerdung Christi das Werk des Logos (Wort) sei, sagt Justin öfters (auch K. XXXIII und XLVI); er versteht nämlich unter der Kraft Gottes, die auf Maria herabkam, den Logos.

290 Diese Passage wird von Calvinisten, Lutheranern und Katholiken gleichermaßen beansprucht, und in der Tat ist die Formulierung so, dass jede Partei plausibel behaupten kann, dass ihre eigene Meinung dadurch vertreten wird. Es mag erstaunen, dass so weit voneinander entfernte Christen alle diese Passage annehmen und für ihre Theologie verwenden können, aber das Gleiche könnte man von den Worten unseres Herrn selbst sagen und anderen Passagen der Heiligen Schrift. Der Ausdruck „das Gebet Seines Wortes" oder „des Wortes, das wir von Ihm haben", scheint das Gebet zu meinen, das über die Elemente gesprochen wird, in Nachahmung des Dankes unseres Herrn vor dem Brechen des Brotes.

Denn die Apostel haben in den von ihnen stammenden Auf-
zeichnungen, welche Evangelien heißen, überliefert, es sei ih-
nen folgende Anweisung gegeben worden: Jesus habe Brot ge-
nommen, Dank gesagt und gesprochen: „Das tut zu meinem
Gedächtnis, das ist mein Leib"[291], und ebenso habe Er den Be-
cher genommen, Dank gesagt und gesprochen: „Das ist mein
Blut",[292] und Er habe nur ihnen davon gegeben.

Auch diesen Brauch haben die bösen Dämonen in den Mi-
thrasmysterien nachgeahmt und Anleitung dazu gegeben. Denn
daß Brot und ein Becher Wasser bei den mystischen Initiations-
riten eines frisch Geweihten unter Hersagen bestimmter Be-
schwörungssprüche hingestellt werden, das wißt ihr oder könnt
es erfahren.

---

[291] Lk 22,19.
[292] Mt 26,27+28.

LXVII
Gemeindeleben der Christen, besonders ihr Sonntagsgottesdienst

Wir aber erinnern in der Folgezeit einander immer hieran, helfen, wenn, wir können, allen, die Mangel haben, und halten einträchtig zusammen. Bei allem aber, was wir zu uns nehmen, preisen wir den Schöpfer des Alls durch seinen Sohn Jesus Christus und durch den Heiligen Geist.

An dem Tage, den man Sonntag nennt, findet eine Versammlung aller statt, die in Städten oder auf dem Lande wohnen; dabei werden die Aufzeichnungen der Apostel[293] oder die Schriften der Propheten vorgelesen, solange es angeht.[294] Hat der Vorleser aufgehört, so gibt der Vorsteher in einer Ansprache eine Ermahnung und Aufforderung zur Nachahmung[295] all dieses Guten.

Darauf erheben wir uns alle zusammen und senden Gebete empor. Und wie schon erwähnt wurde (K. LXV), wenn wir mit dem Gebete zu Ende sind, werden Brot, Wein und Wasser herbeigeholt, der Vorsteher spricht Gebete und Danksagungen mit aller Kraft, und das Volk stimmt ein, indem es das Amen sagt. Darauf wird an jeden ausgeteilt und jeder hat Anteil an dem, wofür er gedankt hat[296], und denen, die abwesend sind, wird durch die Diakone ein Teil gebracht.

---

293 d.h. die Evangelien; siehe vorheriges Kapitel.

294 Die Lesung im Gottesdienst war also damals eine fortlaufende, nicht nach Perikopen, wie es die RKK und andere praktiziert.

295 Dass das Gehörte stets nachgeahmt, also getan werden muss, geht auf unseren Herrn selbst zurück (Mt 7,24-27; Jak 1,22f). Die frühe Kirche praktizierte das, wie wir hier sehen, noch eifrig. Sie wollten nicht nur Hörer sein, sondern auch Täter des Wortes.

296 Gemeint sind Brot und Wein, die Elemente der Eucharistie. Wer mit „jeder" gemeint ist, wird am Anfang des vorherigen Kapitels dargelegt.

Wer aber die Mittel und guten Willen hat, gibt nach seinem Ermessen, was er will[297], und das, was da zusammenkommt, wird bei dem Vorsteher hinterlegt; dieser kommt damit Waisen und Witwen zu Hilfe, solchen, die wegen Krankheit oder aus sonst einem Grunde bedürftig sind, den Gefangenen und den Fremdlingen, die in der Gemeinde anwesend sind, kurz, er ist allen, die in der Stadt sind, ein Fürsorger.

Am Sonntage aber halten wir alle gemeinsam die Zusammenkunft, weil er der erste Tag ist, an welchem Gott durch Umwandlung der Finsternis und der Materie die Welt schuf und weil Jesus Christus, unser Erlöser, an diesem Tage von den Toten auferstanden ist. Denn am Tage vor dem Saturnustage[298] kreuzigte man Ihn und am Tage nach dem Saturnustage, d.h. am Sonntage, erschien Er Seinen Aposteln und Jüngern und lehrte sie das, was wir zur Erwägung auch euch vorgelegt haben.

---

297 Tertullian schreibt in seinem Apologetikum (K. 39): „Einmal im Monate gibt jeder, der will und kann, einen mäßigen Beitrag zur Unterhaltung und Beerdigung von Armen, für verwaiste Knaben und Mädchen, für Greise, Schiffbrüchige und Verbannte."

298 Der Tag des Saturn ist der Samstag. In manchen modernen Sprachen ist das immer noch zu erkennen, wie etwa Englisch: Saturday.

LXVIII

Schluß und Reskript des Kaisers Hadrian über die Christenprozesse

Wenn euch nun dieses Sinn und Wahrheit zu haben scheint, so achtet es; erscheint es euch aber als eitles Gerede, so verachtet es als törichtes Zeug, verhängt aber nicht über Leute, die kein Unrecht begehen, wie über Feinde den Tod. Denn wir sagen es euch voraus, daß ihr dem kommenden Gerichte Gottes nicht entgehen werdet, wenn ihr in der Ungerechtigkeit verharret, und wir werden dazu rufen: „Was Gott will, das geschehe!"[299]

Obwohl wir nach dem Schreiben des großen, erlauchten Kaisers Hadrian, eures Vaters, fordern könnten, daß ihr die gerichtlichen Untersuchungen unserm Gesuche entsprechend abhalten laßt, so wollten wir doch nicht unsere Bitte auf diese Entscheidung Hadrians gründen, sondern haben vorstehende Ansprache und Darlegung verfaßt in dem Bewusstsein, daß wir Gerechtes verlangen. Jedoch setzen wir hierunter eine Abschrift vom Schreiben Hadrians, damit ihr erkennet, daß wir auch diesem gemäß die Wahrheit sagen. Die Abschrift lautet:

An Minucius Fundanus[300].

Ich habe ein Schreiben empfangen, das von deinem Vorgänger, dem hochansehnlichen Serenius Granianus[301] an mich gerichtet wurde. Es scheint mir nun nicht

---

[299] Dieser Schluß der ersten Apologie ist ein herrliches Zeugnis für die Glaubensüberzeugung und den Freimut des christlichen Apologeten.

[300] Die Echtheit dieses Reskriptes wurde öfters angezweifelt, steht aber gegenwärtig fest. Vgl. über diese Frage und den Sinn des Schriftstückes Funk, Kirchengesch. Abhandl. I (1897) 330ff., und besonders Callewaert in der Revue d'histoire et de littérature religieuse, Paris 1903, 152 ff.

[301] Licinius Serenius Granianus war proconsul Asiae in den Jahren 123-124. Sein Amtsnachfolger war Minucius Fundanus.

angebracht, die Sache ohne Untersuchung hingehen zu lassen, damit die Leute nicht in Unruhe versetzt werden und die Angeber Gelegenheit zur Schelmerei erlangen. Wenn also die Provinzialen für ihr Verlangen gegen die Christen sich auf klare Gründe stützen in der Weise, daß sie auch vor dem Richterstuhle Rede und Antwort stehen können, so mögen sie diesen Weg beschreiten, aber nicht einzig auf Bitten oder Schreien sich verlegen.[302]

Denn es ist bei weitem angemessener, daß du, wenn jemand eine Anklage erheben will, hierüber eine genaue Untersuchung anstellst. Wenn also jemand als Ankläger auftritt und nachweist, daß sie irgendwie gesetzwidrig handeln, dann fälle dein Urteil nach der Größe des Vergehens; wenn er es aber in verleumderischer Absicht vorbringen sollte, wahrlich, eine solche Schändlichkeit bring gehörig in Anschlag und sorge für ihre Bestrafung.

---

302 Jesus von Nazareth wurde aufgrund von Schreien der aufgestachelten Volksmenge zu Tode verurteilt. Das war – wie man hier sehen kann – gegen die römische Rechtsauffassung und Ehre und sollte nicht vorkommen (Mt 27,22-23; Mk 15,13-14; Lk 23,21; Joh 19,6.15).

Zweite Apologie

I
Vorstellung des Anliegens

W as sowohl letzthin in eurer Stadt unter Urbikus[303] vorge-
kommen ist, als auch was allenthalben in ähnlicher
Weise von Seiten der Behörden wider die Vernunft geschieht,
zwingt mich, o Römer[304], zu eurem Besten die vorliegende
Ausführung abzufassen, da ihr ja dieselbe Natur wie wir habt,
ja unsere Brüder seid, auch wenn ihr es nicht wißt und obwohl
ihr es nicht wahrhaben wollt, da ihr euch dessen rühmt, was ihr
für Würden haltet.

Abgesehen von denjenigen, die überzeugt sind, dass die Un-
gerechten und Unmäßigen im ewigen Feuer bestraft werden
sollen, dass aber die Tugendhaften und die, die wie Christus
gelebt haben, in Leidenslosigkeit bei Gott wohnen werden - wir
meinen die, welche Christen geworden sind – abgesehen von
denen sage ich, dass überall irgendjemand ist, der von Vater
oder Nachbar oder Kind oder Freund oder Bruder oder Ehe-
mann oder Gattin wegen eines Fehlers zurechtgewiesen wird,
weil er hartnäckig ist, weil er das Vergnügen liebt und schwer
zum Guten zu bewegen ist. Und die bösen Dämonen, die uns
hassen und solche Menschen wie diese sich untertan machen
und ihnen in ihrer Eigenschaft als Richter dienen, stacheln sie
als von bösen Geistern besessene Obrigkeiten dazu auf, uns zu
töten.[305] Damit euch aber die Ursache der ganzen Vorkommnis-
se unter Urbikus offenkundig werde, will ich den Hergang er-
zählen.

---

303 Quintus Lollius Urbikus war praefectus urbi von 144 bis 160 n. Chr.
304 An den Römischen Senat gerichtet, aber letztlich auch an alle Römer.
305 Dass Dämonen die Triebfeder der Christenverfolgung sind, schrieb Jus-
tin bereits in seiner 1. Apologie (K. V) und führt er in K. IV erneut aus.

II
An einem Vorkommnis wird gezeigt, wie ungerecht die Prozesse gegen die Christen sind

Eine Frau, die früher ausschweifend gewesen war, lebte mit einem ebenso ausschweifenden[306] Manne zusammen. Nachdem sie die Lehren Christi kennen gelernt hatte, war sie züchtig geworden und suchte nun auch ihren Gatten zu einem züchtigen Wandel zu bewegen, indem sie ihm die Lehren vorlegte und die Strafe vorhielt, die den Unzüchtigen und vernunftwidrig Lebenden im ewigen Feuer bevorsteht. Der aber verblieb in demselben Lasterleben und entfremdete sich durch seine Handlungsweise seine Gattin. Denn da die Frau es für Sünde hielt, fürderhin mit einem Manne das Lager zu teilen, der gegen das Gesetz der Natur und gegen alles Recht auf jede Weise seine Wollust zu befriedigen suchte, wollte sie sich vom Ehebande trennen. Indessen von den Ihrigen gedrängt, die ihr weiterhin in der Ehe zu bleiben rieten, weil sich eine Besserung des Mannes doch noch hoffen lasse, bezwang sie sich und blieb.

Als aber ihr Mann nach Ägypten gereist war und Nachrichten kamen, daß er es dort noch ärger trieb, da trennte sie sich von ihm, um nicht an seinen Lastertaten und Freveln, wenn sie in der Ehe verblieb und Tisch und Bett mit ihm gemeinsam hatte, Anteil zu haben, und gab ihm nach römischer Sitte den Scheidebrief[307]. Ihr trefflicher Gatte aber, der sich hätte freuen sollen, daß sie, die früher mit Dienern und Mietlingen leichtfertig gelebt hatte und dem Trunke und allem Laster ergeben war, von diesen Dingen abgekommen war und auch ihn davon abzu-

---

306 Akolastainonti. Das Wort schließt Unkeuschheit ebenso ein wie die anderen Formen der Unmäßigkeit (ausschweifend, wie wir sagen).

307 Nach dem Gesetz Moses (Dtn 24,1) konnte nur der Mann den Scheidebrief geben, nach Römischem Recht auch die Frau.

bringen suchte, erhob gegen sie, da sie sich von ihm gegen seinen Willen getrennt hatte, die Anklage, sie sei eine Christin.

Da reichte sie bei dir, Herrscher,[308] eine Bittschrift ein, es möge ihr gestattet sein, zuerst ihre häuslichen Angelegenheiten zu ordnen und erst nach ihrer Regelung sich über die Anklage zu verantworten. Und das hast du ihr zugestanden.

Ihr ehemaliger Gemahl aber, der ihr einstweilen vor Gericht nichts anhaben konnte, wandte sich nun gegen einen gewissen Ptolemäus, der von Urbikus vorgeladen wurde, weil er jene Frau in der christlichen Lehre unterrichtet hatte, und zwar auf folgende Weise:

Den ihm befreundeten Hauptmann, der den Ptolemäus verhaftete, beredete er, den Ptolemäus vorzuladen und nur das eine zu fragen, ob er ein Christ sei. Als nun Ptolemäus, der die Wahrheit liebte und Lug und Trug verabscheute, sich als Christ bekannte, ließ ihn der Hauptmann einkerkern und peinigte ihn lange Zeit im Gefängnisse. Schließlich wurde der Mensch dem Urbikus vorgeführt, aber auch hier in gleicher Weise nur das eine gefragt, ob er ein Christ sei. Und wiederum bekannte er sich im Bewußtsein des Guten, das er dem christlichen Unterrichte verdankte, zu der Lehre Christi.

Denn wer etwas ableugnet, der leugnet entweder, weil er die Sache verurteilt, oder er will sich nicht zu einer Sache bekennen, weil er sich ihrer für unwürdig und fremd hält; beides trifft bei einem wahren Christen nicht zu.

Und als nun Urbikus ihn abzuführen befahl, da sprach ein gewisser Lucius, der auch Christ war, angesichts dieses so vernunftwidrig gefällten Urteilsspruches zu Urbikus: „Aus welchem Grunde hast du diesen Menschen, der weder ein Ehebrecher, noch ein Mädchenschänder, noch ein Mörder, noch ein Dieb oder Räuber, noch sonst eines Verbrechens überführt ist,

---

308 Wörtl. „dir, Alleinherrscher", eine sehr kühne Anrede, wie die von Huss an Kaiser Sigismund, die ihm die Schamesröte ins Gesicht trieb.

sondern sich nur zum christlichen Namen bekannt hat, abführen lassen? Dein Urteil macht dem Kaiser Pius und des Kaisers weisheitsliebendem Sohne[309] und dem heiligen Senate keine Ehre, Urbikus".

Der aber antwortete nichts weiter, als daß er zu Lucius sprach: „Auch du scheinst mir ein solcher zu sein". Und als nun Lucius antwortete: „Ja", da ließ er auch ihn zum Tode führen. Er aber erklärte, er sei ihm dafür noch dankbar in Anbetracht dessen, daß er von derartig schlechten Herrschern befreit werde und zum Vater und Könige des Himmels wandere. Auch noch ein Dritter, der hinzukam, wurde zu der gleichen Strafe verurteilt.[310]

---

309 Gemeint ist Marcus Aurelius (Mark Aurel), der spätere Kaiser.

310 Das Vorkommnis war ein schlagender Beweis für die Ungerechtigkeit, die in den Christenprozessen waltete. Unter der Regierung einsichtiger und wohlwollender Herrscher wurden durch einen ihrer treuesten und geschätztesten Beamten auf die Anzeige notorisch unsittlicher und boshafter Menschen Leute zum Tode geführt, deren ganzes Verbrechen darin bestand, dass sie Christen waren. Man begnügte sich, sie zu fragen, ob sie Christen seien, und forderte nicht einmal von ihnen - was sonst gewöhnlich geschah - dass sie vor den Bildern der Götter oder des Kaisers anbetend hinfielen oder opferten.

III
Warum die Christen nicht Hand an sich selbst legen[311]

Damit aber niemand sage: „Tötet euch selbst alle, gehet schon jetzt zu eurem Gott und macht uns keine Scherereien", so will ich auseinandersetzen, warum wir das nicht tun, und warum wir doch, wenn wir verhört werden, furchtlos bekennen.

Wir sind gelehrt worden, daß Gott die Welt nicht zwecklos, sondern für das Menschengeschlecht erschaffen habe; wir haben auch früher gesagt[312], daß Er an denen, die Seine Vollkommenheiten nachahmen, Seine Freude habe, kein Gefallen aber an denen, die das Böse in Wort und Tat lieben. Wollten wir uns nun alle das Leben nehmen, so würden wir, soviel an uns liegt, schuld daran sein, daß keiner mehr geboren und in den göttlichen Lehren unterrichtet würde und daß das Menschengeschlecht ausstürbe; wir würden, wenn wir wirklich so täten, dem göttlichen Ratschluß[313] auch selber entgegenhandeln.

Beim Verhöre aber leugnen wir nicht, weil wir uns keiner Schlechtigkeit bewußt sind, es aber auch für Sünde halten, nicht in allem die Wahrheit zu sagen, was nach unserer Überzeugung auch Gott gefällt, und weil wir damit auch euch von eurem ungerechten Vorurteil befreien möchten.

---

311 Die BKV folgt in der Reihenfolge der Kapitel der Handschrift, während alle neueren Ausgaben (außer Pfättisch) hier K. VIII der Handschrift einschieben, so auch die ANF; siehe Fußnote zu K. VIII.

312 Erste Apologie Kapitel X.

313 Gemeint ist der Befehl „Vermehrt euch und werdet zahlreich und füllt die Erde", den Gott Adam und Eva gab (Gen 1,28) und im Bund mit Noe (Noah) wiederholte (Gen 9,1).

IV
Ursache der Verfolgungen sind die Dämonen

Sollte aber jemandem der Gedanke kommen, wenn wir einen hilfreichen Gott bekennten, würden wir nicht, wie wir doch behaupten, von Ungerechten unterdrückt und gestraft werden, so will ich auch darüber sprechen.

Als Gott das Weltall geschaffen und das, was auf Erden ist, den Menschen unterstellt, die Himmelskörper aber zum Wachstum der Früchte und zum Wechsel der Zeiten geordnet und ihnen, die Er ersichtlich auch der Menschen wegen geschaffen hatte, ein göttliches Gesetz vorgezeichnet hatte, da übertrug Er die Vorsorge für die Menschen und für alles, was unter dem Himmel ist, Engeln, die Er über sie setzte.[314]

Die Engel aber übertraten diese Anordnung, erniedrigten sich zum Verkehr mit Weibern und zeugten Kinder, die sogenannten Dämonen.[315] Außerdem machten sie sich fortan das Menschen-

---

314 Dass Menschen in Gottes Rangordnung unter den Engeln stehen, entspricht der Lehre der Apostel. Jesus war in dem Moment, wo Er Mensch wurde, erniedrigt unter die Engel (Hebr 2,7-9) und nur die Gottlosen sind so frech, sich über Engel und andere himmlische Mächte zu erheben (Jud 1,8ff). Dass Engeln von Gott die Vorsorge über die Menschen bekommen haben, bestätigen diverse Geschichten in der Schrift, wo Engel Menschen führen oder ihnen das Leben retten; Schutzengel etc.

315 Gen 6,4: Im Buch Genesis steht nichts von Dämonen. Das verwirrt viele späte Lehrer, Übersetzer und Bibelleser, weil in ihren Bibeln keine Lehre über Dämonen existiert. Die frühen Christen lasen und lehrten jedoch die Septuaginta und andere Schriften, so wie es Jesus tat und Seine Apostel darin unterwies. Dort gibt es eine Lehre über Engel und Dämonen. Also wussten Justin und andere alte Apologeten, die auf die Überlieferung der Apostel zurückgriffen, dass Kinder, die von gefallenen Engeln mit Menschenfrauen gezeugt wurden, Dämonen sind. Diese Verbindung von Engeln mit Frauen hatte Gott nicht nur streng verboten, sondern war mit ein Auslöser der Sintflut. Im Buch Enoch, das Jesus und Seine Jünger lehrten und zitierten, wird die Geschichte übrigens viel ausführlicher erzählt als im Buch Genesis.

geschlecht dienstbar teils durch magische Schriften, teils durch
Furcht und Strafen, die sie verhängten, und teils indem sie sie
lehrten Opfer,[316] Weihrauch und Trankopfer darzubringen, de-
ren sie bedürftig geworden waren, seitdem sie von der Leiden-
schaft ihrer Begierden sich hatten unterjochen lassen. Auch sä-
ten sie unter den Menschen Mord, Krieg, Ehebruch, Unmäßig-
keit und alles Böse.

Daher haben Dichter und Mythenerzähler, weil sie nicht
wußten, daß die Engel und ihre Kinder, die Dämonen, jenes
über Männer, Weiber, Städte und Völker gebracht hatten, das,
was sie niederschrieben, auf [ihren] Gott (Jupiter, bzw. Zeus)
selbst und auf die angeblich von ihm gezeugten Söhne und auf
seine vermeintlichen Brüder Neptun (bzw. Poseidon) und Pluto
(bzw. Hades) und auf deren Kinder übertragen.[317] Sie benann-
ten nämlich einen jeden mit dem Namen, den jeder der Engel
sich und seinen Kindern beigelegt hatte.

---

316 Ps 105,37-40.

317 Justin erklärt hier, dass die Mythologie der Römer und Griechen von den
Dämonen stammt, die ihnen all das eingeflüstert haben; auch die vielen
Kinder der Götter, angefangen beim Göttervater Jupiter (Zeus), seinen
Brüdern und allen anderen Göttern untereinander aber auch mit Men-
schen; inklusive der Namen dieser Götter, die nichts anderes sind, als
Dämonen. Das sagt auch die Schrift: „Denn alle Götter der Völkerschaf-
ten sind Dämonen, der Herr aber hat die Himmel gemacht." (Ps 95,5).
Auch andere Apologeten haben das den Römern und Griechen ins Ge-
sicht gesagt, z.B. Minucius Felix, Oct. K. XXVI ff.

V

Christus hat die Dämonen gestürzt, wie die Macht der Christen über Besessene zeigt

Der Vater des Alls hat, weil ungezeugt, keinen Ihm beigelegten Namen. Denn wenn jemand einen Namen erhält, so ist der Namensgeber älter als er. Vater, Gott, Schöpfer, Herr und Gebieter sind keine Namen, sondern nur Titel, die von Seinen Wohltaten und Werken hergenommen sind.[318] Sein Sohn aber, der allein im eigentlichen Sinne Sein Sohn heißt,[319] der Logos, der vor aller Schöpfung in Ihm war und der gezeugt[320] wurde, als Er im Anfange alles durch Ihn schuf und ordnete,[321] wird Christus genannt, weil Er gesalbt wurde und Gott durch Ihn alles ordnete, ein Name, der ebenfalls einen unerkennbaren Begriff umschließt, sowie auch die Bezeichnung „Gott" kein Name, sondern nur eine der Menschennatur angeborene Vorstellung eines unerklärbaren Wesens ist.[322] „Jesus" aber hat Namen und Begriff eines Menschen und Retters. Denn, wie wir schon gesagt haben,[323] Er ist Mensch geworden, nach dem Willen Gottes des Vaters zur Welt gekommen für die gläubigen

---

318 Vgl. 1. Apologie X.

319 Im Unterschied zu an Kindesstatt von Gott angenommenen Menschen.

320 1. Apologie XII und XXIII.

321 Joh 1,1-3.

322 Justin löst hier in einem Satz ein großes Missverständnis auf, das bis heute viele Menschen befallen hat. Sie glauben fälschlicher Weise, dass Gott ein Name sei und dass daher alle, die so genannt werden (Zeus, Ra, Odin, Manitu, Allah, etc.), ein und derselbe seien. Das ist ein Irrtum. Gott ist bloß ein Titel, wie z.B. König, und viele tragen den, sind aber nicht derselbe, sondern miteinander in Konkurrenz, wie diverse Mythologien (ägyptische, griechische, römische, nordische, etc.) unübersehbar veranschaulichen, wo Götter gegeneinander kämpfen. Wenn also zwei Menschen sagen, sie glauben an Gott, heißt es nicht automatisch, dass sie beide denselben meinen.

323 1. Apologie XXIII.

Menschen und zum Sturze der Dämonen, wie ihr noch jetzt aus dem ersehen könnt, was vor euren Augen geschieht.

Haben doch viele von den Unsrigen, nämlich von den Christen, eine ganze Menge von Besessenen in der ganzen Welt und auch in eurer Hauptstadt, die von allen anderen Beschwörern, Zauberern und Kräutermischern nicht geheilt worden waren, durch Beschwörung im Namen Jesu Christi, des unter Pontius Pilatus Gekreuzigten, geheilt und heilen sie noch, indem sie die Dämonen, welche die Menschen festhalten, außer Kraft setzen und vertreiben.[324]

---

324 Tertullian schreibt in seinem Apologetikum (K. 23): „Es möge sich hier vor eurem Tribunal irgend jemand präsentieren, von dem es feststeht, daß er von einem Dämon regiert wird. Auf eines beliebigen Christen Befehl zu reden, wird jener Geist so sicher bekennen ein Dämon zu sein, was er in Wahrheit ist, wie er sich anderswo für einen Gott ausgibt, was er in Wahrheit nicht ist. Ebenso möge einer von denen vorgeführt werden, die vermeintlich unter Einwirkung eines Gottes stehen, welche, wenn sie die Altäre anhauchen, den göttlichen Geist aus dem Opferfette empfangen, welche dann durch schlucksende Bewegungen kuriert werden und unter Keuchen Weissagungen geben. Und selbst eure Jungfrau Cölestis, die Verheißerin des Regens, und ebenso euer Äskulap, der Mitteiler von Arzneien, der das Leben mit Scordium, Thanatium und Asclepiodotum erhielt und dann am andern Tage sterben mußte, -- wenn sie nicht sofort bekennen, daß sie Dämonen sind, indem sie nicht wagen, einen Christen zu belügen, so vergießet auf der Stelle das Blut dieses unverschämtesten aller Christen! Was ist einleuchtender als ein solcher tatsächlicher Vorgang, was zuverlässiger als diese Beweisführung?"

VI

Weil Engel und Menschen freien Willen haben, ist die Bestrafung der Schlechten gerecht

Darum, nämlich um der zarten Saat des Christentums willen, das Gott als Grund für den Fortbestand der Natur ansieht, verzögert Er den Untergang und die Zerstörung der ganzen Welt, durch die dann auch die bösen Engel, Dämonen und Menschen ihr Ende finden würden. Wenn das nicht wäre, so könntet auch ihr nicht mehr solches tun und euch von den bösen Dämonen als Werkzeuge gebrauchen lassen; es hätte vielmehr das herniederfahrende Feuer des Gerichtes schonungslos allein ein Ende gemacht, wie einst die große Flut, die niemanden übrig ließ als den Noe allein mit den Seinen; so nennen wir jenen, während er bei euch Deukalion[325] heißt, von dem dann wieder so viele Menschen entstammt sind, teils schlechte, teils gute. Derartig wird, so behaupten wir, der Weltbrand[326] sich vollziehen, nicht, wie die Stoiker sagen, in der Art eines Überganges aller Dinge ineinander, was uns als ganz unwürdig erschien. Aber ebensowenig behaupten wir, daß die Menschen nach einem Verhängnisse[327] handeln oder leiden, was ihnen begegnet, sondern vielmehr, daß jeder nach freier

---

325 Sohn des Prometheus, der in der Griech. Mythologie die Rolle des Noe (Noah) aus dem Alten Testament übernahm. Vgl. 1.Apol. XLIV, LXIV.

326 Die Zerstörung der Welt durch Gott mit Feuer. 2.Petr 3,10; Jer 4,23-26; Offb 8,5-10. 9,17-18. 16,8-9. 18,8. 20,9f. Minucius F. Oct. XXXIV.

327 Über den freien Willen der Menschen und die stoische Lehre vom Verhängnis (Schicksal) schrieb Justin schon in der 1.Apol. XLIII u. XLIV. Dagegen lehrten die Gnostiker die schicksalshafte Vorherbestimmung, ähnlich wie die Stoiker. Der Gnostiker Augustinus importierte diese Philosophie ins Christentum, der Augustinermönch Martin Luther wärmte sie wieder auf und wetterte gegen den freien Willen (De servo arbitrio - „Vom unfreien Willen", Dez. 1525). Die frühen Christen verteidigten energisch den freien Willen als göttliches Prinzip und Grundlage der Gerechtigkeit Gottes. Vgl. Minucius Felix Oct. XXXVI (Buch s. Anhang).

Entscheidung recht oder unrecht tut und daß, wenn die Guten, wie Sokrates[328] und seinesgleichen, verfolgt werden und in Banden liegen, dagegen ein Sardanapal, Epikur[329] und ihresgleichen in Überfluß und Ruhm glücklich zu sein scheinen, dies auf Anstiften der bösen Dämonen geschieht. Das haben die Stoiker nicht bedacht, wenn sie den Satz aufstellten, daß alles mit der Notwendigkeit des Verhängnisses geschehe. Aber weil Gott das Geschlecht der Engel und das der Menschen ursprünglich mit einem freien Willen ausgestattet hat, werden sie mit Recht für ihre Sünden in ewigem Feuer gestraft werden. Und das ist das Wesen alles Geschaffenen, daß es von Natur zu Schlechtigkeit und Tugend fähig ist; es wäre ja auch keines davon des Lobes wert, wenn es nicht auch die Fähigkeit hätte, sich dem einen wie dem anderen zuzuwenden. Das beweisen auch jene Männer, die in den verschiedenen Ländern nach der wahren Vernunft Gesetze gegeben oder Forschungen angestellt haben, indem sie das eine zu tun, das andere zu lassen gebieten. Und selbst die stoischen Philosophen halten in ihrer Sittenlehre entschieden dasselbe in Ehren, woraus offensichtlich ist, daß sie mit ihrer Lehre von den Grundprinzipien und von den übersinnlichen Dingen[330] nicht sehr glücklich sind. Denn wenn sie behaupten, daß die menschlichen Handlungen, nur ein Werk des Verhängnisses seien oder daß Gott nichts anderes sei als was sich beständig umwandelt, verändert und in dieselben Bestandteile wieder auflöst, dann wird es offenkundig sein, daß sie nur von vergänglichen Dingen eine Vorstellung gewonnen haben, daß ihre Gottheit selbst sowohl in ihren Teilen als auch im Ganzen mit jeder Schlechtigkeit behaftet ist; sie müßten denn lehren, daß Tugend und Laster überhaupt nichts sind, was freilich gegen alles gesunde Denken und gegen Vernunft und Verstand ist.

---

328 Griech. Philosoph, der verbannt und hingerichtet wurde. Siehe Minucius Felix Oct. V und Geschichtslexikon (s. Anhang, Buchempfehlung).

329 Griech. Philosoph, den auch Minucius F. behandelt (Oct. XIX, XXXIV).

330 Die stoische Metaphysik leugnete alles rein Geistige und alle Freiheit.

VII
Auch solche Philosophen, welche vernunftgemäß lehrten, wurden von den Dämonen gehaßt

Auch von Anhängern der Stoa wissen wir, daß sie, weil sie wenigstens in ihrer Ethik vermöge des dem gesamten Menschengeschlechte eingepflanzten Logoskeimes, wie in manchen Stücken auch die Dichter, sich ordnungsliebend gezeigt haben, gehaßt und getötet worden sind; so der schon früher erwähnte (1.Apol. XLVI) Heraklit, ferner unser Zeitgenosse Musonius[331] und andere. Denn wie wir gezeigt haben, haben die Dämonen immer darauf hingearbeitet, daß die, welche irgendwie nach dem Logos zu leben und das Böse zu meiden suchten, gehaßt wurden. Es ist aber kein Wunder, daß die Dämonen die, welche nicht nur nach einem Teile des in Keimen ausgestreuten Logos[332], sondern nach der Erkenntnis und dem Schauen des gesamten Logos, das ist Christus, leben, nach ihrer Entlarvung noch weit mehr verhaßt zu machen suchen; sie werden, in ewiges Feuer eingeschlossen, die verdiente Strafe und Pein erhalten. Denn wenn sie schon von den Menschen durch den Namen Jesu Christi überwunden werden, so ist das ein Fingerzeig für die zukünftige Bestrafung, welche ihnen und ihren Dienern im ewigen Feuer bevorsteht.[333] Diese haben alle Propheten vorherverkündet, und auch unser Lehrer Jesus hat sie gelehrt.

---

331 Der Stoiker Musonius Rufus wurde von Kaiser Nero im Jahre 65 verbannt (Tac. ann. XV 71), stand aber bei Vespasian wieder in Ehren (Cassius Dio 66, 13).

332 λόγος σπερματικός (logos spermatikos). Den Namen hat Justin der stoischen Philosophie entlehnt.

333 Hier ist deutlich gesagt, dass die Strafe im ewigen Feuer über den Teufel und seine Diener erst am Ende der Welt verhängt werden wird.

VIII
Justin und der Kyniker Kreszens [334]

Auch ich erwarte, von einem der Genannten verfolgt und in den Block gespannt zu werden, vielleicht von Kreszens, dem Spektakelmacher und Prahlhans.[335]

Denn den Namen Philosoph darf man einem Manne nicht geben, der öffentlich von uns Dinge aussagt, von denen er nichts versteht, nämlich, daß wir Gottesleugner und Majestätsverbrecher sind; das tut er nur, um der irregeführten Menge einen Gefallen zu erweisen und Freude zu machen. Denn wenn er, ohne in die Lehren Christi Einsicht genommen zu haben, gegen uns loszieht, so ist er ein nichtswürdiger Mensch und steht viel tiefer als das gemeine Volk, das doch gewöhnlich sich davon fernhält, über Dinge, die es nicht versteht, zu sprechen und Zeugnis abzulegen; hat er aber Kenntnis von ihnen genom-

---

334 Dieses Kapitel steht in der Handschrift an dieser Stelle, in den Ausgaben (Maranus, Otto, Krüger) nach K. II. Man beruft sich für diese Verschiebung auf Eusebius, der (KG IV 17, 13) sagt, Justin knüpfe in der 2. Apologie an die Erzählung von den Märtyrern (K. II) folgerichtig (εἰκότως καὶ ἀκολούθως) [eikotōs kai akolouthōs] die Voraussagung seines eigenen Todes; Maranus übersetzt dabei ἀκολούθως [akolouthōs] mit „unmittelbar", was sehr unwahrscheinlich ist. Dem Gedankengange nach passt aber das, was in der Handschrift nach K. VII erzählt ist, ganz für diese Stelle, gehört aber nicht zwischen K. II und III (vgl. Pfättisch, Der Einfluß Platons auf die Theologie Justins des Märtyrers, Paderborn 1910. 190f). Entgangen ist Pfättisch, dass der Ausdruck ὑπό τινος τῶν ὠνομασμένων [hypo tinos tōn ōnomasmenōn], womit nur ein Dämonendiener gemeint sein kann, deutlich auf K. VII hinweist, wo es heißt: αὐτοῖς (den Dämonen) καὶ τοῖς λατρεύουσιν αὐτοῖς [autois kai tois latreuousin autois]; dagegen ist in K. II von Dämonendienern keine Rede.

335 Von diesem Kyniker Kreszens erzählt Tatian (or. 19), er habe alle Menschen in Rom an Knabenliebe überboten und sei ganz von der Geldgier beherrscht gewesen; dem Justin sei er deswegen abhold gewesen, weil dieser die Philosophen der Schlemmerei und Heuchelei beschuldigt habe. Eusebius sagt (Hist.eccl. IV 16,1; chron. ad a. Abr. 2168), Kreszens habe auch das Martyrium Justins veranlaßt.

men, ohne das Erhabene in ihnen zu verstehen, oder versteht er
es zwar, tut aber so, um nicht in den Verdacht zu kommen, ein
Christ zu sein, dann ist er noch viel niederträchtiger und
schlimmer, da er dann als Sklave eines unvernünftigen Wahnes
und der Furcht dasteht.

Denn ihr sollt wissen, daß ich ihm einige diesbezügliche Fra-
gen vorgelegt und dabei die Einsicht gewonnen und ihm auch
nachgewiesen habe, daß er in Wahrheit nichts davon versteht.
Zum Beweise, daß ich die Wahrheit rede, bin ich bereit, falls
euch jene Unterredungen nicht hinterbracht worden sein soll-
ten, ihm die Fragen in eurer Gegenwart noch einmal vorzule-
gen; das wäre ein Werk, das sich wohl auch für Kaiser geziem-
te. Wenn euch aber meine Fragen und seine Antworten bekannt
geworden sind, dann wißt ihr, daß er von unseren Dingen
nichts versteht oder, wenn er sie versteht, der Zuhörer wegen
nicht zu sprechen wagt wie Sokrates, daß er sich, wie ich schon
sagte, nicht als einen Freund der Weisheit, sondern des Schei-
nes erweist, der nicht einmal den herrlichen Spruch des Sokra-
tes achtet: „Keinesfalls darf man den Menschen höher schätzen
als die Wahrheit"[336]. Aber ein Kyniker, der sich die Gleichgül-
tigkeit zum Ziele gesetzt hat, kann das Gute nirgends finden als
in der Gleichgültigkeit.[337]

---

336 Platon de rep. X p. 595c.

337 Die Kyniker hielten die ἀδιαφορία [adiaphoria], d.h. die Gleichgültigkeit
    gegen alles, was sonst den Menschen begehrenswert erscheint, für das
    höchste Gut; sie hatten daher für die heilige Begeisterung der Christen
    nur mitleidiges Lächeln und Spott übrig.

IX
Die ewige Höllenstrafe ist keine leere Drohung

Damit aber niemand das nachspreche, was die vermeintlichen Philosophen einzuwenden pflegen, daß es nur Prahlerei und Schreckmittel sei, wenn wir von der Bestrafung der Ungerechten in ewigem Feuer sprechen, und daß wir verlangen, die Menschen sollten aus Furcht tugendhaft leben und nicht, weil es schön und beglückend sei,[338] so will ich kurz darauf antworten:

Wenn jene unsere Behauptung nicht zutrifft, so gibt es entweder keinen Gott, oder, wenn es einen gibt, kümmert Er sich nicht um die Menschen; Tugend und Laster sind dann leere Worte und die Gesetzgeber bestrafen dann, wie wir schon sagten,[339] mit Unrecht die Übertreter ihrer guten Anordnungen. Aber da weder diese ungerecht sind noch ihr Vater, der durch den Logos dasselbe zu tun lehrt, was Er selbst tut, so sind auch die, welche diesen folgen, nicht ungerecht.

Sollte aber jemand die Verschiedenheit der menschlichen Gebräuche geltend machen und sagen, bei den einen Menschen gelten gewisse Dinge als löblich, die bei anderen als schimpflich betrachtet werden, gewisse Dinge aber als schimpflich, die bei anderen hinwiederum als löblich angesehen werden, so mag er hören, was wir hierüber zu sagen haben:

---

338 Die frühen Christen legten also wert darauf, das ewige Höllenfeuer zu verkündigen und dass die Menschen die Gebote Gottes aus Furcht (gemeint ist Gottesfurcht) befolgten und nicht, weil sie sich einreden sollten, dass es beglückend und schön sei, sie zu halten. Die Notwendigkeit der Gottesfurcht lehrten und verbreiteten auch die Apostel und alle anderen Männer Gottes in der Schrift. Apg 2,43. 5,11; 2.Kor 5,11. 7,1; 1.Tim 4,7-8; 1.Petr 1,17; Ps 33,12. 110,10. 127,1; Mt 10,28. Paulus beklagt den Mangel an Gottesfurcht in der Welt, z.B. Röm 3,18.

339 Kapitel VI.

Einerseits wissen wir, daß die bösen Engel (Dämonen) Gebräuche eingeführt haben, die ihrer eigenen Bosheit entsprechen;[340] andererseits erweist die rechte Vernunft nicht alle Lehrmeinungen[341] und Satzungen, an die sie herantritt, als gut, sondern die einen als schlecht, die andern als gut. Darum will auch ich solchen Leuten Gleiches oder Ähnliches und, wenn es nötig ist, sogar in größerer Ausführlichkeit antworten.

Für jetzt aber kehre ich zu meinem Gegenstande zurück.

---

340 Dass nicht nur Gott die Menschen lehrt und sie in Seinen Geboten unterweist, sondern auch die Dämonen Lehrmeister der Menschen sind und ihnen gottlose, dämonische Gedanken, Techniken und Werte beibringen, darüber berichtete bereits Jahrtausende v. Chr. das Buch Enoch (K. 7 u. 8) und danach lehrten das die Apostel (1.Tim 4,1).

341 Andere, wie Maranus und Otto, übersetzen: „Anderseits erklärte der rechte Logos bei seinem Auftreten nicht alle Lehrmeinungen" aber das Präsens ἀποδείκνυσι [apodeiknysi] spricht gegen sie und ebenso ἀρθὸς λόγος [arthos logos] (ohne Artikel); gemeint kann nur „die rechte Vernunft" sein, vgl. 1.Apol. II: ὁ σώφρων λόγος [ho sōphrōn logos].

X
Christliche Lehre erhabener als jede menschliche

Daher ist offenbar unsere Religion erhabener als jede menschliche Lehre, weil der unsretwegen erschienene Christus der ganze Logos, sowohl Leib als auch Logos und Seele ist. Denn was auch immer die Denker und Gesetzgeber jemals Treffliches gesagt und gefunden haben, das ist von ihnen nach dem Teilchen vom Logos, das ihnen zuteil geworden war, durch Forschen und Anschauen mit Mühe erarbeitet worden. Da sie aber nicht das Ganze des Logos, der Christus ist, erkannten, so sprachen sie oft einander Widersprechendes aus.

Auch wurden die, welche vor Christus lebten und nach menschlichem Vermögen mittels der Vernunft die Dinge zu beschauen und zu prüfen versuchten, als gottlose und nach Veränderung süchtige Leute vor die Gerichte geschleppt. Sokrates aber, der von ihnen allen in dieser Hinsicht der entschiedenste war, wurde derselben Vergehen wie wir angeklagt; denn man sagte, er führe neue Gottheiten ein und verwerfe die Götter, welche der Staat anerkenne.[342] Er aber hatte gesagt, man solle den bösen Dämonen, die das verübt hatten, wovon die Dichter sprechen, absagen und verwies den Homer und die andern Dichter aus dem Staate; dagegen leitete er die Menschen an, den ihnen unbekannten Gott[343] mittels vernünftiger Untersuchung kennen zu lernen, indem er sagte: „Den Vater und Schöpfer des Weltalls zu finden, ist nicht leicht, und ebensowenig ist es ungefährlich, den gefundenen vor allen zu verkündigen".[344]

---

342 Plat. ap. 24b; Darüber schrieb Justin bereits in seiner 1.Apol. K. V.
343 Vgl. Apg 17,23.
344 Plat. Tim. 28c.

Alles dies hat aber unser Christus durch Seine Macht zustande gebracht. Denn dem Sokrates hat niemand so weit geglaubt, daß er für diese Lehre in den Tod gegangen wäre; dem Christus aber, den auch schon Sokrates teilweise erkannt hatte - war und ist er doch der Logos, der jedem innewohnt, der auch durch die Propheten und in eigener Person, als Er nach Annahme unserer Natur diese Lehren vortrug, das Zukünftige vorhergesagt hat - , haben nicht allein Philosophen und Gelehrte geglaubt, sondern auch Handwerker und ganz gewöhnliche Leute, und zwar mit Hintansetzung von Ehre, Furcht und Tod; denn Er ist die Kraft des unnennbaren Vaters und nicht das Gefäß[345] menschlicher Vernunft.

---

345 Oder das Instrument. Der Übersetzer liest mit der Handschrift und mit Maranus τὰ σκεύη [ta skeuē], woraus Otto, dem Krüger gefolgt ist, κατασκετή [katasketē] gemacht hat.

XI
Wie Christen Tod, Tugend und Laster sehen

Wir würden auch nicht getötet werden und die ungerechten Menschen und Dämonen hätten keine Gewalt über uns, wenn nicht überhaupt jeder Mensch, der auf die Welt kommt, sterben müßte;[346] darum freuen wir uns auch, wenn wir diese Schuld abtragen.

Dennoch halten wir es dem Kreszens und solchen gegenüber, die ebenso unvernünftig sind wie er, für schön und passend, auch jene Erzählung bei Xenophon hier vorzutragen.

Herakles[347], so berichtet Xenophon[348], sei einst an einen Scheideweg gekommen und habe hier die Tugend und das Laster angetroffen, die beide ihm in weiblicher Gestalt erschienen seien. Und das Laster in üppiger Kleidung und infolge solcher Kunstmittel mit liebeglühendem und blühendem Antlitze und mit auf den ersten Blick bezaubernden Augen habe zu Herakles gesagt, wenn er ihr folge, wolle sie machen, daß er immer fröhlich und im glänzendsten Schmucke, dem ihren ähnlichen, dahinleben werde. Die Tugend aber mit dürrem Gesichte und in unansehnlicher Kleidung habe gesagt: „Wenn du dagegen mir folgst, wirst du dich nicht mit vergänglicher und hinfälliger Pracht und Schönheit schmücken, sondern mit unvergänglichen und herrlichen Schönheiten."[349]

So sind wir denn überzeugt, daß ein jeder, der das flieht, was nur dem Scheine nach schön ist, dem aber nachgeht, was für mühsam und töricht gilt, die Glückseligkeit erlangen werde. Denn das Laster sucht sich als Deckmantel für seine Handlun-

---

346 1.Apol. XI und LVII. Nur Irrlehrer lehrten, dass ihre Anhänger nicht sterben müssten, z.B. Menander (1.Apol. XXVI).

347 Griech. Halbgott, auch Hercules (bzw. Herkules) genannt.

348 Mem. II 1, 21 ff.

349 Vgl. 1.Petr 3,3+4.

gen die der Tugend eigentümlichen wirklichen Vorzüge durch
Nachäffung des Unvergänglichen[350] - denn Unvergänglichkeit
hat es in Wahrheit nicht und kann es auch nicht hervorbringen -
umzuhängen und macht, indem es das ihm anhaftende Schlim-
me der Tugend anhängt, sich die Irdischgesinnten unter den
Menschen zu Sklaven.

Die aber die wirklichen Vorzüge der Tugend erfaßt haben,
werden durch sie selbst unvergänglich; davon muß sich jeder
Vernünftige an den Christen, an den Wettkämpfern und an den
Helden, die solche Taten vollbracht haben, wie sie die Dichter
von den vermeintlichen Göttern erzählen, überzeugen, wenn er
daraus einen Schluß zieht, daß wir, sogar wenn wir entkommen
könnten, den sonst so gefürchteten Tod verachten.[351]

---

350 διὰ μιμήσεως ἀφθάρτων [dia mimēseōs aphthartōn], was Veil mit Un-
recht in διὰ μιμήσεως φθάρτων [dia mimēseōs phthartōn] ändern wollte.
351 Vgl. 1.Apol. XI; Diognet I.

XII
Der beste Beweis für die Unschuld der Christen

Denn auch ich selbst kam, als ich noch in Platons Lehren meine Befriedigung fand und von den verleumdeten Christen hörte, beim Anblick ihrer Furchtlosigkeit vor dem Tode und vor allem anderen, was für entsetzlich gilt, zu der Einsicht, daß sie unmöglich in Lasterhaftigkeit und Sinnenlust befangen sein könnten. Denn welcher Lüstling oder Schlemmer, der gar Menschenfleisch für einen Leckerbissen hält, könnte wohl den Tod willkommen heißen, um so seiner Genüsse verlustig zu gehen? Würde er nicht, statt sich selbst zur Hinrichtung zu melden, vielmehr um jeden Preis sein Leben hier auf immer fortzuführen und vor der Obrigkeit verborgen zu bleiben suchen?

Freilich haben die bösen Dämonen jetzt durch einige schlechte Menschen auch folgendes ausführen lassen. Als diese auf Angeberei hin, wie sie gegen uns üblich ist, einige hinrichten wollten, ließen sie auch Sklaven der Unsrigen, junge Burschen und Mägde, zur Folter schleppen und zwangen sie durch entsetzliche Marter, jene erdichteten Dinge auszusagen, die sie selbst offen begehen, mit denen aber wir, da wir nichts davon an uns haben, nichts zu tun haben wollen; haben wir doch den ungezeugten und unnennbaren Gott zum Zeugen unserer Gedanken und Handlungen. Denn warum könnten wir nicht auch diese Dinge öffentlich für gut erklären und sie als göttliche Weisheit hinstellen, indem wir sagten, wir feierten in Menschenopfern die Mysterien des Kronos[352] und wir täten, indem wir uns mit Blut berauschen, wie man uns nachsagt, das nämliche, was dem bei euch hochgeehrten Götzenbilde geschieht,

---

352 Dem Kronos (röm. Saturn, phönizisch Moloch) wurden besonders Kinder geopfert; vgl. Minucius Felix Oct. K. XXX; Tertullian Apol. c. 9: Infantes penes Africam Saturno immolabantur palam usque ad proconsulatum Tiberii; Diod. Sic. XIII 86.

das nicht bloß mit dem Blute unvernünftiger Tiere, sondern auch mit Menschenblut besprengt wird, wobei ihr den bei euch angesehensten und vornehmsten Mann es mit dem Blute der Hingerichteten begießen lasset?[353]

Wenn wir ferner Männer schändeten und schamlos mit Weibern verkehrten, machten wir es nur dem Zeus und den anderen Göttern nach und könnten uns dabei zu unserer Rechtfertigung auf die Schriften Epikurs und der Dichter berufen. Da wir aber solche Grundsätze und die, welche solche Untaten verübt haben und nachmachen, zu fliehen raten, wie wir auch in den hier vorliegenden Reden dagegen gestritten haben, werden wir auf allerlei Weise angefeindet; aber das ficht uns nicht an, weil wir wissen, daß ein gerechter Gott alles sieht.

Möchte doch jetzt jemand eine hohe Bühne besteigen und mit mächtiger Stimme[354] herabrufen: „Schämt euch, schämt euch, das, was ihr offenkundig tut, auf Schuldlose zu schieben, und was euch und euren Göttern anhaftet, solchen anzuheften, die auch nicht das Geringste damit zu tun haben! Ändert euch, kommt zur Besinnung!"

---

353 Gemeint ist Jupiter Latiaris, dem man alljährlich auf dem Albanerberge durch den Konsul oder den praefectus urbi das Blut eines Hingerichteten zu trinken gab.
354 Wörtlich „mit einer tragischen Stimme" - die laute Stimme, mit der die griechischen Tragödien durch die Maske vorgetragen wurden.

XIII

Justin hat das Christentum der Lehre Platons vorgezogen, weil es die ganze Wahrheit besitzt

Auch ich habe, nachdem ich zur Einsicht gekommen war, daß den göttlichen Lehren der Christen von den bösen Dämonen zur Abschreckung der anderen Menschen eine niederträchtige Hülle umgeworfen worden sei, solche Lügenredner und ihre Hülle und die Meinung der Menge verlacht.

Als Christ erfunden zu werden, das ist, ich gestehe es, der Gegenstand meines Gebetes und meines angestrengten Ringens, nicht als ob die Lehren Platons denen Christi fremd seien, sondern weil sie ihnen nicht in allem gleichkommen, und ebensowenig die der anderen, der Stoiker, Dichter und Mythenschreiber. Denn jeder von diesen hat, soweit er Anteil hat an dem in Keimen ausgestreuten göttlichen Logos[355] und für das Ihm Verwandte ein Auge hat, treffliche Aussprüche getan. Da sie sich aber in wesentlicheren Punkten widersprechen, zeigen sie damit, daß sie es nicht zu einem weitblickenden Wissen und zu einer unfehlbaren Erkenntnis gebracht haben. Was immer sich also bei ihnen trefflich gesagt findet, gehört uns Christen an, weil wir nach Gott den von dem ungezeugten und unnennbaren Gott ausgegangenen Logos anbeten und lieben, nachdem Er unsretwegen Mensch geworden ist, um auch an unsern Leiden teilzuhaben und Heilung zu schaffen. Alle jene Schriftsteller konnten also vermöge des ihnen innewohnenden, angeborenen Logoskeimes nur schattenhaft das Wahre schauen.[356] Denn etwas anderes ist der Keim einer Sache und ihr Nachbild, die nach dem Maße der Empfänglichkeit verliehen werden, und etwas anderes die Sache selbst, deren Mitteilung und Nachbildung nach Maß der von ihr kommenden Gnade geschieht.

---

355 τοῦ σπερματικοῦ θείου λόγου [tou spermatikou theiou logou], s. K. VII.
356 Vgl. Kol 2,17; Hebr 8,5. 10,1.

XIV
Bitte um Approbation dieses Büchleins

Und nun ersuchen wir euch, das, was euch richtig scheint, durch eure Unterschrift zu genehmigen und dieses Büchlein zu veröffentlichen, damit auch die andern mit unserer Sache bekannt und in den Stand gesetzt werden, sich von dem falschen Wahne und von der Unkenntnis des Guten loszumachen; denn sonst verfallen sie aus eigener Schuld der Bestrafung, weil schon in der menschlichen Natur die Fähigkeit liegt, Gutes und Böses zu erkennen, weil sie ferner an uns, ohne uns zu kennen, die Schändlichkeiten aller Art, die sie uns nachsagen, verurteilen, und endlich auch darum, weil sie ihre Freude haben an Göttern, die solches getan haben und noch jetzt von den Menschen Ähnliches verlangen, so daß sie eben dadurch, daß sie uns als vermeintlichen Tätern solcher Dinge Tod, Gefängnis oder eine andere derartige Strafe zuerkennen, sich selbst verurteilen und keiner anderen Richter bedürfen.

XV
Schluß

S obald ihr nun dieses Büchlein genehmigt habt, möchten wir es allen zugänglich machen, damit sie womöglich anderen Sinnes werden; einzig zu diesem Zwecke haben wir die vorliegenden Abhandlungen abgefaßt.[357]

Unsere Lehren sind, wenn man sie besonnen beurteilt, nicht schlecht, sondern über alle menschliche Weisheit erhaben. Und wären sie das auch nicht, so gleichen sie doch jedenfalls nicht den Lehrsprüchen eines Sotades, einer Philänis, eines Archestratos, Epikur und wie andere sie in Gedichten vortrugen, Lehren, mit denen sich jeder aus Vorträgen oder Büchern bekannt machen darf.

Und so schließen wir denn hier, nachdem wir getan haben, was in unseren Kräften stand, und auch gebetet haben, daß alle Menschen auf Erden der Wahrheit möchten gewürdigt werden. Möget denn nun auch ihr entsprechend eurer Frömmigkeit und eurer Philosophie zu eurem Besten gerecht urteilen!

---

[357] Die ANF schreiben stattdessen: „Und ich habe die böse und betrügerische Lehre des Simon aus meinem eigenen Volk verachtet. Und wenn ihr diesem Buch eure Vollmacht gebt, werden wir ihn vor allen bloßstellen, damit sie sich, wenn möglich, bekehren. Zu diesem Zweck allein haben wir diese Abhandlung verfasst." Gemeint ist Simon der Magier, den Justin früher abhandelt (1.Apol. XXVI und LVI). Irenäus nennt ihn den Vater aller Irrlehren (GdHär) und Hippolytos widerlegt ihn ausführlich (WidHär).

Anhang

Die Bedeutung der Namen des Pentateuchs

Anders als im Hebräischen werden die einzelnen Bücher des griechischen Pentateuchs nach inhaltlichen Gesichtspunkten benannt. Die Namen geben also Auskunft über den Inhalt. Bei der Übersetzung ins Lateinische wurde das beibehalten. Martin Luther entfernte durch seine Umbenennung diese Bedeutung.

LXX (Griechisch)	Bedeutung	Vulgata (Latein)	Luther (Deutsch)
Genesis	„Entstehung" Die Entstehung der Welt.	Genesis	1.Mose
Exodos	„Auszug" Der Auszug der Israeliten aus der im Lande Ägypten erlittenen Knechtschaft.	Exodus	2.Mose
Levitikon (biblion)	„Levitisches Buch" Schwerpunkt ist der Tempel- und Priesterdienst der Leviten.	Leviticus	3.Mose
Arithmoi	„Zahlen" Volkszählungen, Zählungen der Opfertiere, etc.	Numeri	4.Mose
Deuteronomion	„Wiederholung des Gesetzes" Das Wort entspricht dem Selbstverständnis des Buches und ist sogar dem Text selbst entnommen (17,18).	Deuteronomium	5.Mose

Wir verwenden wie allgemein üblich die latinisierte Schreibweise!

Unterschiede bei biblischen Namen je Sprache

Die biblischen Namen lagen zur Zeit Christi in Hebräisch, Griechisch oder Latein vor, meist in allen drei Sprachen. Heute kommen Englisch, Deutsch u.v.a. dazu. Namen werden manchmal übersetzt (der Sinn bleibt erhalten), meist transkribiert (der Klang bleibt erhalten), selten durch andere ausgetauscht (vgl. vorheriges Kapitel zu den Namen des Pentateuchs). Die frühen Christen lasen, lehrten und schrieben in Griechisch, später auch in Latein, und so ergaben sich beide Schreibweisen der Namen (2. und 3. Spalte in der Tabelle) in der BKV.

Griechisch	Griechisch transkribiert	Latein	KJV (Englisch)	Luther (Deutsch)
Αβιρων	Abiron	Abiram	Abiram	Abiram
Ηλίας	Elias	Helias	Elijah	Elia
Ενώχ	Enoch	Enoch	Enoch	Henoch
Ησαΐας	Esaias	Isaias	Isaiah	Jesaja
Ιεζεκιηλ	Ezechiel	Hiezecihel	Ezekiel	Hesekiel
Ιεσσαί	Jessai	Iesse	Jesse	Jesse
Ιησούς	Jesus	Iesus oder Iosue	Jesus oder Joshua	Jesus oder Josua
Ιωβ	Job	Iob	Job	Hiob
Μαριάμ	Mariam	Maria	Miriam oder Mary	Mirjam oder Maria
Μωυσή	Moses	Moses	Moses	Mose
Νώε	Noe	Noe	Noah	Noah
Ρααβ	Raab	Raab	Rahab	Rahab
Ροβοάμ	Roboam	Roboam	Rehoboam	Rehabeam
Σόδομα	Sodoma	Sodoma	Sodom	Sodom
Ζαχαρίας	Zacharias	Zacharias	Zechariah	Sacharja

Abkürzungen

ANF	Ante-Nicene Fathers
Apg	Apostelgeschichte
Apol.	Apologie oder Apologetikum
Apost.	Apostolische
AT	Altes Testament
Barn	Barnabasbrief
BKV	Bibliothek der Kirchenväter
c.	Capitel, alte Schreibweise für Kapitel
Chr	Chronik
Const.	Constitutionen
d.h.	das heißt
Dan	Daniel
dgl.	dergleichen
Dial.	Dialog
DialTryph	Dialog mit dem Juden Tryphon
Dida	Didache, Apostellehre
Diog.	Brief an Diognet
Dtn	Deuteronomium (5. Mose)
Ebd.	Eben da. Verweist auf die vorherige Fußnote
Esdr	Esdras. 2.Esdr beinhaltet die Bücher Esra und Nehemia. 1., 3. u. 4. Esdr fehlen im MT.
Est	Esther
Ex	Exodus (2. Mose)
Ez	Ezechiel (Hesekiel)
f	folgend. Es ist auch **der** folgende Vers
	oder **das** folgende Kapitel zu lesen.
ff	und **die** folgenden Verse/Kapitel/Seiten.
FN	Fußnote
Gal	Galaterbrief
GdHär	Gegen die Häresien
Gen	Genesis (1. Mose)
griech.	griechisch
Hebr	Hebräer(brief)
Hist.eccl.	Historia Ecclesiastica (Kirchengeschichte)
humanist.	humanistisch(e)(er)
Isa	Isaias (Jesaja)
Jak	Jakobus(brief)
Jdt	Das Buch Judith
Jer	Jeremias (Jeremia)
Jes	Jesaja
Jh.	Jahrhundert
Job	Das Buch Job (Hiob)
Joh	Johannes(evangelium)
Jos	Das Buch Josua
Jud	Das Buch Judas
jüd.	jüdisch(er)(e)(es)
K.	Kapitel
KG	Kirchengeschichte
KJV	King James Version
Klem	Klemensbrief
Klgl	Klagelieder
Kön	Königtümer (LXX). 1. u. 2. Königtümer entsprechen 1. u. 2. Samuel (MT). 2. u. 3. Königtümer entsprechen 1. u. 2. Könige (MT).

Koh	Kohelet (Prediger)	Tim	Timotheus(brief)
Kol	Kolosser(brief)	Tit	Titus(brief)
Kor	Korinther(brief)	Tob	Tobit
latein.	lateinisch(e)(er)	TR	Textus Receptus
Lev	Leviticus (3. Mose)	u.	und
Lk	Lukas(evangelium)	u.dgl.	und dergleichen
LXX	Septuaginta	usw.	und so weiter
Makk	Makkabäer, Buch der.	u.v.a.	und viele andere
Mal	Maleachi	vgl.	vergleiche
Mich	Michaias (Micha)	WidHär	Widerlegung aller Hä-
Mk	Markus(evangelium)		resien
MT	Masoretentext	Weish	Weisheit (Sophia)
Mt	Matthäus(evangelium)	wörtl.	Wörtlich
NA	Nestle-Aland	Zach	Zacharias (Sacharja)
NT	Neues Testament	z.B.	zum Beispiel
Num	Numeri (4. Mose)	zoolog.	zoologisch(e)(er)
Oct.	Octavius, Dialog des		
Offb	Offenbarung		
Petr	Petrus(brief)		
Phil	Philipper(brief)		
Ps	Psalm. Die Zählung erfolgt nach der LXX		
PsSal	Psalmen Salomos		
Röm	Römer(brief)		
röm.	römisch		
RKK	Römisch-Katholische Kirche		
s.	siehe		
S.	Seite		
Sach	Sacharja		
Sir	Jesus Sirach		
Spr	Sprüche Salomos, Sprichwörter		
Strom	Stromata (Teppiche)		
Thess	Thessalonicher(brief)		

Die Zählung der Psalmen

Die Masoreten haben den Psalm 9 in der Mitte auseinander geschnitten und dem zweiten Teil die Nummer 10 gegeben. Damit verschoben sie ab Psalm 9 alle weiteren Psalmen um eine Nummer nach hinten.

Die Septuaginta (LXX) existierte schon Jahrhunderte vor den Masoreten und hat noch die alte, ursprüngliche Zählung. Wie die Septuaginta entstand, erzählt Justin in der 1. Apologie Kapitel XXXI. Ausführliche Beschreibung auf unserer Website unter https://dielehrederapostel.info/lexikon/s/septuaginta.

Jesus und Seine Apostel kannten den Masoretentext (MT) noch gar nicht und lasen und zitierten daher nur die LXX, ebenso taten es die frühen Christen bis zur Konstantinischen Wende. Justin schrieb zum Beispiel dem Juden Tryphon:

*Aus Davids **fünfundneunzigstem Psalme** haben sie die kurze Bemerkung ,von dem Holze' entfernt. Denn von den Worten: ,Saget es unter den Heiden: der Herr ist König geworden vom Holze her' haben sie noch übrig gelassen: „Saget es unter den Heiden: der Herr ist König geworden." (DialTryph 73,1)*

Das ist die Nummerierung nach der Septuaginta, die damals, wie der Brief beweist, Christen wie Juden hatten. Zu besagter Stelle siehe Justins 1. Apologie K. XLI in diesem Buch.

Die BKV, wir und andere Herausgeber der frühchristlichen Literatur, folgen daher der LXX. Deswegen muss in allen Bibeln, die dem MT folgen, ab Psalm 9 jeweils eine Nummer höher nachgeschlagen werden als bei uns in den Fußnoten steht. Psalm 95 in der LXX ist also Psalm 96 im MT. Ab Psalm 148 stimmt die Zählung beider wieder überein.

Die Römischen Zahlen

Im Römischen Imperium wurden die Römischen Zahlen verwendet, selbstverständlich auch von den frühen Christen. In Europa wurden die Römischen Zahlen in manchen Bereichen bis heute beibehalten und so hat es sich eingebürgert, dass die Kapiteln von alten Büchern mit Römischen Zahlen nummeriert werden, die Verse aber in Arabischen Zahlen. Wir behielten diesen schönen alten Brauch bei und wollen auf dieser Seite allen helfen, die nicht die Römischen Zahlen beherrschen.

Die Römische Schrift hat keine Ziffern. Stattdessen werden aus Buchstaben die Zahlen gebildet, indem die Werte der Buchstaben addiert werden. Ausnahme ist stets die Zahl vor dem nächsthöheren Buchstaben, die wird durch Subtraktion gebildet, wobei der zu subtrahierende Buchstabe links steht (4=5-1; 9=10-1; 40=50-10; 41=50-10+1; 49=50-10+10-1 usw.). Mit etwas Übung ist das bald erlernt. In der Tabelle stehen unter den lateinischen Buchstaben die Zahlenwerte in arabischen Ziffern.

I	II	III	IV	V	VI	VII	VIII	IX	X
1	2	3	4	5	6	7	8	9	10
XI	XII	XIII	XIV	XV	XVI	XVII	XVIII	XIX	XX
11	12	13	14	15	16	17	18	19	20
XXI	XXII	XXIII	XXIV	XXV	XXVI	XXVII	XXVIII	XXIX	XXX
21	22	23	24	25	26	27	28	29	30
XXXI	XXXII	XXXIII	XXXIV	XXXV	XXXVI	XXXVII	XXXVIII	XXXIX	XL
31	32	33	34	35	36	37	38	39	40
XLI	XLII	XLIII	XLIV	XLV	XLVI	XLVII	XLVIII	XLIX	L
41	42	43	44	45	46	47	48	49	50
LI	LII	LIII	LIV	LV	LVI	LVII	LVIII	LIX	LX
51	52	53	54	55	56	57	58	59	60

Buchempfehlung

Die ersten Christen
Am Anfang war die Liebe

Eberhard Arnold

Wie waren sie wirklich die Christen der ersten Jahrhunderte bevor die christliche Kirche zur Institution wurde? Was dachten, fühlten und taten sie?

Eine Antwort darauf geben die ausgewählten Textstücke dieses Sammelbandes. Eberhard Arnold hat alle wesentlichen Originaldokumente der ersten Jahrhunderte durchgesehen, die wichtigsten Teile übersetzt und nach inhaltlichen Schwerpunkten neu geordnet. Vom persönlichen Brief bis zum staatlichen Gerichtsprotokoll, von der Bischofspredigt bis zu den Herrenworten reicht die Bandbreite. Origenes, Tertullian, Polykarp, Clemens von Alexandria, Justin der Märtyrer und Irenäus kommen genauso zu Wort wie die ausgesprochenen Feinde und Gegner dieser ersten Christenheit.

In diesen Schriften lebt der ursprüngliche, dynamische Glaube der Urchristen. Die klare Direktheit dieser Schriften ist eine aufrüttelnde Herausforderung für eine eingeschlafene Christenheit.

Erstauflage 1926 Eberhard Arnold Verlag, 452 Seiten.

Neuauflage 2012, Plough Publishing House, 196 Seiten, Deutsch.

E-Book (PDF) kostenlos erhältlich hier:

https://www.plough.com/de/themen/glaube/die-ersten-christen/die-ersten-christen

Würden die Theologen sich bitte setzen
David Bercot

Als das Christentum noch jung war, lag der Schwerpunkt auf Jesus Christus und Seinem Königreich - nicht auf der Theologie. Am Anfang begriffen die Christen, dass das Wesen des Christentums eine gehorsame Liebes-Glaubens-Beziehung zu Jesus Christus ist. Dies war nicht irgendeine Beziehung, sondern eine Beziehung, die echte Früchte des Königreiches Gottes hervorbrachte.

Doch dann geschah etwas: Theologen übernahmen die Kirche Gottes. Als sie die Macht übernahmen, verlagerte sich der Schwerpunkt von göttlicher Frucht auf »orthodoxe« (rechtgläubige) Theologie. Das Christentum wurde zum Lehrtum.

In diesem provokanten Werk belegt David Bercot anhand vieler konkreter Fallbeispiele wie weit Geschichtsfälschung, falsche Lehren und Desinformation im Christentum verbreitet sind und welche Rolle Theologen, Reformatoren und deren Bibelkommentare dabei spielen. Bercot liefert im Zuge dessen einen kurzweiligen, differenzierten Crashkurs in Kirchengeschichte ab und kommt zu dem Schluss, dass es an der Zeit ist, Jesus Christus endlich wieder durch die Texte der vier biblischen Evangelien sprechen zu lassen, ohne Seine Lehren durch die Leugnungen und die geistige Gymnastik der Theologen zu filtern. Es ist an der Zeit, dass die Kinder des Königreiches Gottes für Christus und das von Ihm gepredigte Evangelium eintreten - und dass die Theologen sich bitte setzen.

Paperback, 212 Seiten, Deutsch, 2022 BoD

ISBN-13: 9783756886531
https://www.bod.de/buchshop/wuerden-die-theologen-
sich-bitte-setzen-david-bercot-9783756886531

Band 1 aus unserer Serie Frühchristliche Werke

Dialog Octavius
Marcus Minucius Felix

Drei Freunde spazieren am Strand der malerischen antiken Hafenstadt Ostia. Es ist ein lauschiger Herbsttag zur Zeit der Weinlese. Das Meer untermalt die angeregten Gespräche. Doch dann, vor einer Götterstatue entbrennt plötzlich ein Disput zwischen dem Christ Octavius und dem philosophischen Atheisten Caecilius. Minucius Felix soll als Dritter in der Mitte zwischen beiden Schiedsrichter sein in einem Wettstreit der Argumente auf höchstem Niveau, wo es am Ende nur einen Sieger geben kann.

Dieser Dialog ist ein literarisches und apologetisches Meisterwerk des frühen Christentums, als die Lehre der Apostel noch lebendig und frisch war, die Gesellschaft aber argwöhnisch gegenüber den Christen. Minucius Felix berichtet uns kurzweilig und eindrücklich, mit welchen Anschuldigungen die Christen seinerzeit konfrontiert wurden, wie sie sich dagegen wehrten, und gibt uns nebenbei einen Kurs in antiker Mythologie und Geschichte.

Mit Lexikon der Mythologie und antiken Geschichte!

Paperback, 162 Seiten, Deutsch, 2023 BoD

ISBN-13: 9783751920445

https://www.bod.de/buchshop/dialog-octavius-marcus-minucius-felix-9783751920445

Band 2 aus unserer Serie Frühchristliche Werke

Barnabasbrief • Didache • 1. Klemensbrief
Briefe der Apostelzeit

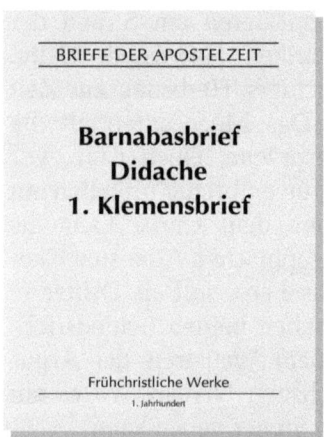

Wie würden wir heute die Paulusbriefe lesen und verstehen, wenn wir sie durch die Augen seines Schülers Klemens oder vielleicht sogar seines Lehrers Barnabas sehen könnten? Wie würden unsere christlichen Gemeinden und Kirchen heute aussehen, wenn dort immer noch die Kirchenordnung gelesen, gelehrt und gelebt würde, die von den Aposteln selbst stammt?

Im 16. Jh. haben die Täufer diese Perlen des frühen Christentums wieder entdeckt und mit großem Gewinn für ihren Glauben und ihre Gemeinschaft gelesen und gelehrt. Vielleicht ist das der Grund, warum sie andere Früchte brachten als die anderen Christen ihrer Zeit?

Diese und andere spannende Fragen können die Leser anhand dieser drei frühchristlichen Werke selbst beantworten, während sie mitgenommen werden auf eine Zeitreise ins erste Jahrhundert als die Apostel noch lebten, die Überlieferung noch unverfälscht und die Kirche noch rein war.

Paperback, 168 Seiten, Deutsch, 2023 BoD

ISBN-13: 9783757860363

https://www.bod.de/buchshop/dialog-octavius-marcus-minucius-felix-9783751920445

Band 3 aus unserer Serie Frühchristliche Werke

Brief an Diognet • Erste Apologie • Zweite Apologie
Briefe der Verteidigung

„Wohlan denn, mache dich frei von allen Vorurteilen, die deinen Geist gefangen halten, lege ab die trügerische Gewohnheit und werde wie im Anfang ein neuer Mensch, da du ja auch nach deinem eigenen Geständnisse Hörer einer neuen Lehre sein wirst; schaue nicht bloß mit den Augen, sondern auch mit dem Verstande, welches Wesen und welche Gestalt die Götter haben, die ihr so nennt und an die ihr glaubt."

So beginnt Mathetes seinen Brief an Diognet und Justin beendet seine zweite Apologie an den römischen Senat mit den Worten:

„Sobald ihr nun dieses Büchlein genehmigt habt, möchten wir es allen zugänglich machen, damit sie womöglich anderen Sinnes werden; einzig zu diesem Zwecke haben wir die vorliegenden Abhandlungen abgefaßt."

Dazwischen erleben wir die wortreichen, freimütigen Verteidigungsbriefe der ersten Apologeten zur Widerlegung aller Vorurteile und zur gerechten Beurteilung der Christen, die der Staat ungerecht hinrichtet.

Paperback, 184 Seiten, Deutsch, 2023 BoD

ISBN-13: 9783757881047

Namen- und Begriffsverzeichnis

Ich begrüße diesen deinen Wunsch herzlich
und bitte Gott,
der uns die Sprache und das Gehör verleiht,
um die Gabe für mich, so zu sprechen,
damit ich vor allem höre, dass du erbaut worden bist,
und für dich, so zu hören,
damit ich, der ich rede,
keinen Grund zum Bedauern habe, es getan zu haben.